DO NIILISMO AO AMOR À VIDA

Blucher

DO NIILISMO AO AMOR À VIDA

Ser ou não ser

Walter Trinca

Do niilismo ao amor à vida: ser ou não ser

Editora Edgard Blücher Ltda.

Publisher Edgard Blücher
Editor Eduardo Blücher
Coordenação editorial Jonatas Eliakim
Produção editorial Catarina Tolentino
Preparação de texto Danilo Villa
Diagramação Guilherme Henrique
Revisão de texto Marco Antonio Cruz
Capa Leandro Cunha
Imagem da capa Alexandre Trinca

Blucher

Rua Pedroso Alvarenga, 1245, 4º andar
04531-934 – São Paulo – SP – Brasil
Tel.: 55 11 3078-5366
contato@blucher.com.br
www.blucher.com.br

Segundo o Novo Acordo Ortográfico, conforme 5. ed. do *Vocabulário Ortográfico da Língua Portuguesa*, Academia Brasileira de Letras, março de 2009.

Dados Internacionais de Catalogação
na Publicação (CIP)
Angélica Ilacqua CRB-8/7057

Trinca, Walter

Do niilismo ao amor à vida : ser ou não ser / Walter Trinca. – São Paulo : Blucher, 2022.

248 p.

Bibliografia

ISBN 978-65-5506-369-1

1. Psicanálise 2. Niilismo (Filosofia) I. Título

22-5908 CDD 150.195

Índice para catálogo sistemático:
1. Psicanálise

Ao Miguel,
uma afirmação
do ser.

Conteúdo

Introdução

O niilismo, o pessimismo e a visão trágica do mundo sustentam-se na predominância de experiências desalentadoras, que são nutridas por um fundo de vacuidade, carência, indiferença, desgraça, desesperança, horror e morte. A recusa eventual ou sistemática a participar da vida e do viver apodera-se do ser humano, ao confrontar-se com os sofrimentos, as incertezas e as dificuldades que a vida impõe. Dependendo das formas de reação, a interioridade humana será afetada em maior ou menor grau pelo afastamento dos vínculos com a realidade interna e externa. Acrescente-se o fato de que cada ser humano traz consigo um fator de destrutividade, que tende a se insinuar em todos os relacionamentos. Sob a dominação de forças tenebrosas, a mente pode se voltar contra a natureza, a vida e o Universo.

Não é de espantar, portanto, que ao longo do tempo foram construídas formas sistemáticas de pensar, cujos focos mais evidentes se concentram nas forças cegas e avassaladoras, na perspectiva destrutiva, no absurdo e na inermidade do que existe. Na natureza não haveria nada a ser admirado, tudo converge para a repetição congelada do idêntico, para o acaso e para a falta de sentido. A vida pertence ao nada que lhe é constitutivo e do mundo sobressaem a hostilidade primitiva, a iniquidade, a opacidade, a indiferença e o desamparo. Para o pessimismo filosófico, viver é um pesadelo, um absurdo, uma insensatez e um despropósito. Com o passar dos séculos, até a modernidade e a pós-modernidade, essas tendências se desdobraram em múltiplas variantes, por vezes alimentando-se umas às outras, e acabaram por se tornar concepções estruturadas do mundo e imagens delineadas da realidade.

Ao psicanalista, geralmente não passa despercebido que, no atendimento clínico, há similaridades e concordâncias, sob muitos aspectos, entre o que os pacientes comunicam e os ingredientes essenciais com os quais se criam os modelos clássicos de niilismos, pessimismos, tragicidades e outros. Uma classe especial desses pacientes é sobretudo ativa em manifestar a atividade intensiva da pulsão de morte. O *self*, que é a instância onde se dão os embates, encontra-se, nesses casos, impregnado e saturado de componentes antivida. Se o psicanalista distinguir entre o *self* e o *ser interior*, este é um núcleo de vida que, em situações como essas, se acha afastado daquele. Pelo distanciamento de contato com o *ser interior*, o *self* pode se tornar caótico e desprovido de bases, sem, no entanto, renunciar a dar as cartas e a fazer predominar sua fragmentação sobre a percepção e a compreensão da realidade. A bem dizer, o *self* é, basicamente, um órgão de repercussão, de depositação, de mediação e de consecução da existência, na dependência dos fatores e elementos que incidem sobre ele. Se o *ser interior* não exerce eficazmente a sua ação sobre o *self*, este se torna um campo de experiências relativamente alheio ao eixo psíquico fundamental e, assim, está sujeito a todo tipo de variação, instabilidade, confusão e interferência, inclusive por conta da pulsão de morte. Em descompasso com o *ser interior*, a experiência pode chegar ao modo de inexistência, isto é, à vivência de não ser. Retirando-se ao máximo o contato com esse ser – que é norteador da vida psíquica –, surge em consequência a falta de referências. O *self* impregnado de outros fatores, como o esvaziamento e a sensorialidade, vem ocupar o primeiro plano e determinar aos trancos e barrancos a natureza da subjetividade. Daqui se seguem tentativas de soluções discutíveis, parciais, malsucedidas ou disparatadas para os problemas da vida e do viver, assim como as imagens e concepções do mundo construídas sob o corte dos vínculos com o que é vivo, tanto interna quanto externamente.

Não significa que se deva negar o fato de que o plano da realidade comporta e revela, também, destrutividade e caos, gerando sofrimento e morte. Tanto a natureza quanto o ser humano são feitos da mesma contradição que existe em toda parte: construção e destruição, ordem e caos, ser e nada, vida e morte. Entretanto, quando a ênfase se coloca prioritariamente naquilo que se dissolve e acaba, e não naquilo que cria e se desenvolve, essa é uma visão parcial que, guindada à posição central, norteia a compreensão da natureza das coisas. A questão de fundo passa a ser não o fato de haver destrutividade e caos, mas o que predomina na mente. No niilismo, em especial, a questão central parece se situar em que, na opção entre o objeto vivo e o objeto morto, este prevalece incontestavelmente e tende à absolutização. Com base em material clínico, temos observado que, quando isso acontece, o *self* se encontra sistematicamente interferido, embaçado e enviesado por componentes emocionais discordantes do contato da pessoa com seu próprio ser, que se subtrai ao comando da vida. A vivência emocional nega a existência do ser, que é foco de vida. Por diminuição de vida, o *self* cai na perspectiva de um filtro, no qual toda a experiência com o que é vivo tende a se ofuscar ou a desaparecer. O ser humano que se volta contra a vida, que a abandona ou a renuncia, sofre um processo sistemático de tomada e de obliteração do *self*, em que o mundo passa a ser encarado sob o prisma da falta e da inexistência, no lugar da presença e da existência.

Como na maiêutica socrática, conhecer-se a si mesmo tem, para o psicanalista, um ponto de partida no contato com o ser, exigindo que se pense sobre a natureza deste. O contato é considerado a base de toda mudança de perspectiva, que tem seu suporte na afirmação do ser. Se este vem ocupar seu lugar e sua ação central no *self*, a vida mental, em sua expressão plena, tende à harmonização, assim como suas relações com o mundo externo. Nesse caso, é válida a recomendação de Sêneca (2011, p.29), em alusão a Sócrates, de se levar sempre consigo, desde que não haja um *self* saturado de perturbações. Transparece a importância da individualidade e das forças pró-vida, que trazem bem-estar e animam a alegria, pelo encontro do equilíbrio somatopsíquico e da beleza harmoniosa do mundo. Manifesta-se no ser humano uma parcela do querer-viver positivo, presente na vida criadora em geral.

Se a existência do ser tem em seus fundamentos os princípios da harmonia, ele não se confunde com as noções de ego do budismo e da psicanálise clássica, ainda que por meio dessas noções se construam métodos de lidar com o lado conflitivo, desfavorável, sofrido e cruel da vida. No budismo, o ego é um ditador a ser deposto, enquanto em Freud a ênfase nos impulsos faz do ego uma instância claudicante, submetido à fraqueza e desamparo diante da realidade interna e externa. O *ser interior*, ao contrário, é uma instância de natureza não-sensorial que pode vir a ocupar um espaço livre, amplo e solto na mente, tornando-se abertura à percepção límpida e à compreensão depurada da realidade.

Se o *ser interior* se distingue do *self*, este se aproxima, sob certos aspectos, das concepções freudianas de ego. Na verdade, o *self* insere-se num amplo modelo de compreensão da dinâmica psíquica, como veremos neste livro. Fatores que participam do modelo são o distanciamento de contato com o *ser interior*, a fragilidade do *self*, a angústia de dissipação do *self*, a sensorialidade e a expansão de consciência, além de outros. Brevemente, eis um exemplo: a pulsão de morte atua como um inimigo, provocando destruições internas e externas. A rejeição e o ódio da pessoa contra si própria conduzem ao distanciamento de contato e torna o *self* desprovido de presença e de ação suficientes do *ser interior*. Daqui se segue a fragilidade, que pode se tornar esvaziamento e angústia de dissipação do *self* ou, então, ser substituída pela sensorialidade, que é um estado de concretude, representado, entre outras formas, pela drogadição, pela delinquência, pelo fanatismo, pelo falso *self*, pela evasão e pela indiferença à vida. Lidar com a mente torna-se essencial para a superação dos obstáculos e interferências sobre o *self*, bem como para a ultrapassagem dos comprometimentos, conflitos e turbulências. A análise visa o alcance da consciência do que se passa; em especial, o conhecimento das atividades dos fatores que provocam distorções à apreensão dos fatos como eles são. Para isso, a observação clínica põe em evidência o que é importante para gerar limpidez no *self* e para obter expansão de consciência por meio de novas modalidades de percepções e compreensões. Não havendo consciência do que ocorre, a absorção da pessoa no esvaziamento e na angústia poderá impregnar sua visão de mundo, que tenderá ao niilismo, ou, de modo substitutivo, vir a alimentar a saturação do *self* por sensorialidade. Esta eliminará a angústia de inexistência, mas possivelmente tornará o mundo coisificado, absurdo e sem sentido.

Sendo o *ser interior* naturalmente harmônico, chega-se a ele pelo contato, que se correlaciona com a remoção dos obstáculos, realizada pela tomada de consciência. Diminuindo-se ou eliminando-se o distanciamento do contato, o *self* ilumina-se e o que é vivo, em amplo sentido, vem habitar a interioridade, estendendo-se às relações com o mundo externo. Se no distanciamento preponderam a dispersão, a confusão e o acaso, no ancoramento ao próprio ser a realidade tende a se apresentar em inteireza, dada a função integradora e estruturante do contato. Dessa base, torna-se possível dar um passo além, na ordem da expansão de consciência, a níveis de relacionamentos amplificados, nos quais especialmente a natureza se revela por características aprimoradas, refinadas, surpreendentes e, às vezes, sublimes. Em estado de acolhimento, podem surgir, para nós, a realidade como sonho, o mundo como imagem artística, a mente como alargamento, o Universo como perplexidade em sua transfiguração, infinitude, atemporalidade e no assombroso desconhecido que paira acima de tudo.

Temos verificado que, ao se lidar com a mente e ao se pôr em relevo os fatores e elementos interferentes ou obstrutivos, manifesta-se a tendência à expansão de consciência, em que a realidade se revela de modo particularmente claro, límpido e significativo, podendo ser surpreendida em sua profundidade. O que aparece é, em geral, a predominância da vida sobre a destrutividade. Se bem observada, a vida apresenta-se, sob certas circunstâncias, como um fenômeno imaterial, que se desdobra infinitamente em beleza, leveza, fulgurância, radiância, abrangência, eteridade, atemporalidade, infinitude e incontáveis outros aspectos. Um Universo prodigioso, que instiga a nossa admiração e o nosso encantamento, mostra suas formas puras, sua amplidão, sua complexidade, sua majestade e seu fascinante desconhecido. A vida, afirmando-se sobre toda contradição e todo antagonismo, aspira à realização da melhor forma possível dentro das condições que lhe são oferecidas. É ela que se impõe, em vez do caos, do absurdo e do nada, denunciados com sofreguidão pela mente niilista, pessimista e catastrofista.

Haveria espaço ao bem-estar, à alegria e, até, à felicidade? Em uma vida plena, a resposta costuma ser afirmativa. O antídoto a toda negatividade contra a vida é um relacionamento construtivo e vital *lato sensu*, no encontro da profundidade da mente com a profundidade do mundo. Isso certamente inclui a afirmação do ser e a expansão de consciência. A questão fundamental do sofrimento está diretamente ligada às condições propiciadoras de vinculação com a vida: o sofrimento tende a diminuir com a plenitude do vínculo.

Por essa razão, tomamos por objeto de investigação a dinâmica psíquica, numa tentativa de compreensão do que parece ser relevante nos processos de crescimento e expansão, assim como de retração e estagnação da vida mental. Não se trata, pois, de construir uma visão filosófica, mas de comunicar resultados de observações psicológicas, feitas ao longo do tempo, às apalpadelas no campo da filosofia. Toda interface entre ambos os campos remete necessariamente ao modelo geral denominado Psicanálise Compreensiva (TRINCA, 2007, 2011, 2016). Contudo, o modelo não vai além da própria organização dos dados e dos resultados das observações, cujos sentidos psicológicos e filosóficos estão abertos à revisão permanente, sem se prenderem, de modo algum, a teorias, ideologias ou profissões de fé. Se a psicanálise tem a oferecer uma dimensão privilegiada de observações, indicando que o mundo real é infinitamente mais interessante, profundo e misterioso do que se poderia dele esperar, é porque, conforme as palavras de Winter (2008, p. 76), "nenhum psicanalista pode pretender trazer a felicidade, mas o que é certo é que a psicanálise está do lado da vida".

Primeira parte
Niilismo, pessimismo e tragédia

1. O pessimismo na antiguidade greco-romana

Desde remota antiguidade, tem sido propagada uma antiquíssima lenda, que fazia parte da sabedoria popular dos gregos e exprimia o seu pessimismo. Essa lenda foi mencionada por Teognis na segunda metade do século VI a.C., tendo sido referida por Aristóteles e muitos outros, inclusive mais recentemente por Nietzsche. A lenda diz que o rei Midas perseguiu na floresta o velho Sileno, capturando-o. Considerado sábio, Sileno foi interrogado por Midas, que lhe indagou sobre o que deveria preferir na vida, ou seja, a coisa inigualável e superior a tudo, que ele, Midas, deveria buscar e encontrar. Coagido pela insistência do rei, Sileno saiu de seu mutismo e desatou a rir, dizendo que melhor teria sido não nascer, não ter visto os raios do Sol, mas como isso era impossível, melhor seria morrer e, coberto de terra, atravessar os portais do Hades o mais rapidamente possível. Essa era uma admoestação dirigida à humanidade inteira. Os filósofos, escritores e artistas saídos da modernidade não inventaram o pessimismo, ele foi gestado na aurora dos tempos humanos e costuma aparecer em contramarcha quando a mente humana dispõe de poder construtivo e criativo.

A recusa à vida e ao viver parece contrariar, em princípio, o difundido ideal clássico de serenidade e de harmonia que, com justa razão, é atribuído à filosofia, à literatura e, principalmente, à arte da Grécia antiga. A *sophrosyne*, que significa procura de sabedoria, equilíbrio e moderação, coexistia na civilização homérico-olímpica com todo o pensamento de desgraça, tragédia e pessimismo. Ao sorriso ingênuo desse grego, que buscava a *eudaimonia,*[1] contrapunham-se, desde séculos anteriores à antiguidade clássica, a incerteza, a insegurança e o mal-estar pela fugacidade e impermanência da vida, quando não pelo sofrimento, injustiça e morte que ela acarreta. De tal modo que, na balança entre o luminoso e o sombrio, o peso parecia pender para o sentimento de inutilidade e vacuidade da existência, diante dos males que ela ocasiona. O contraste tornava-se flagrante se os males eram atribuídos à *hybris*, a desmesura e o orgulho triunfantes por ofensa aos deuses. Toda essa temática passava pelo universo dos poetas, pensadores e místicos helenos.

As contradições vivenciadas pelo espírito grego tradicional não se resumem à atitude perante a vida, mas à formulação de uma teodiceia e, mais ainda, de uma imagem do mundo baseada na teogonia. Por toda parte, as representações da dor, do conflito, da violência, da desgraça e da tragédia passam pelas relações entre o mundo humano e o mundo divino. As melhores formas dessas representações encontram-se nos mitos, para os quais, desde o passado longínquo até os primeiros filósofos pré-socráticos, converge a organização do pensamento e das emoções, em que estão contidos os ideais e os temores, as indagações e as respostas, as esperanças e as desesperanças, as forças de vida e as de morte. Os mitos têm por finalidade a elaboração das contradições e, ao mesmo tempo, dar notícias do mundo interno dos indivíduos sob a ótica do sofrimento, da perversidade, da desventura, do desencanto e do pessimismo. O

1 Termo moderno para nomear a ideia de felicidade como fundamento de toda moral.

panteão dos deuses olímpicos seria no mínimo estranho ao nosso entendimento se não refletisse a dupla face de construção e destruição em que se sustenta a realidade. Assim, os deuses olímpicos são cruéis, déspotas, ciumentos, invejosos, perseguidores, vingativos, implacáveis e arrogantes, vivendo em um universo de disputas, violências, dominações, condenações e castigos. A potência divina faz incidir sobre os humanos o seu terror e a sua ira, mas também a sua graça, quando lhe apraz. Entre os deuses, a dinâmica não é muito diferente, se bem que aos seres humanos a grande incriminação é a de *hybris*: a não aceitação, por descomedimento, do destino que a cada um é reservado.

Tendo por referência a esfera divina, o pessimismo grego volta-se principalmente contra a vida alegre, livre, solta e feliz, ainda que na esfera humana esta possa se constituir numa meta a ser alcançada. Em ambas as esferas, prolifera todo tipo de crime e castigo, de tortura e injustiça, sendo o cosmo infestado de figuras desoladoras e sombrias, que não deixam margem à esperança. No poema de Hesíodo, que viveu aproximadamente no século VIII a.C., o cosmo nasceu do Caos, a desordem, que produziu a Noite, criadora do Destino cego e implacável. A Noite gerou as Parcas,[2] donas do fio da vida, que elas cortam inapelavelmente, assim como procriou a Discórdia, a Velhice e a Morte. Nascido do Caos, Érebo é uma entidade que se confunde com o próprio Inferno. De Gaia, a Terra, originou-se Urano, o Céu, pai dos Titãs, que devorava seus próprios filhos. Morreu por ter sido castrado por Cronos, seu filho. Cronos e Reia, uma das Titãs, deram origem aos deuses olímpicos, dentre os quais Zeus, que triunfou da guerra contra os Titãs. A crueldade dos antigos deuses gregos representa forças cósmicas poderosas e onipotentes, mas também a inermidade da condição humana em face delas.

2 Nome latino para as Moiras gregas.

Desde a criação do mundo, nasceram os heróis e, com eles, toda sorte de contradições entre vitória e derrota, amor e ódio, vida e morte. A mitologia grega não cessa de representar a existência humana condenada ao mal, ao sofrimento, ao destino cruel e ao desalento. Divindades infernais ascendem ao primeiro plano, a começar por Plutão, senhor dos infernos, que reina sobre as sombras dos mortos, seguido por Tânatos, a própria morte, temido até pelos deuses. Divindades infernais, as Eríneas ou Fúrias espalham pelo mundo todos os infortúnios, disputas e vinganças. As Harpias, monstros voadores, trazem os horrores da fome e as desgraças de vícios incontáveis. Há, ainda, as Górgonas, dentre as quais Medusa, cujo olhar transforma pessoas em pedra. Cila, o mais terrível dos monstros, assim como os Cíclopes, devora os seres humanos. O mesmo fazem as Sereias com seu canto enganador. O desfile das calamidades é imenso e aterrador. São bem conhecidas as histórias de Pandora, cuja caixa contém todos os males, bem como de Prometeu, cujo fígado é devorado continuamente pelo abutre, e de Ixion, amarrado a uma roda de fogo que gira sem parar. Tântalo sofre de sede abrasadora nas proximidades inatingíveis de um poço, Títio é lançado no Tártaro, sendo comido nas entranhas por um abutre, as Danaides são punidas para sempre nos infernos, carregando água em peneiras, e Sísifo condenado eternamente a empurrar uma rocha morro acima, que torna a cair ao chegar no topo. Haveria infindáveis exemplos. O problema do mal e, especialmente, da falácia, do equívoco e da inutilidade da existência é o pano de fundo que alimenta toda atitude pessimista. Diz-se que o desgosto, o desencanto e o desprezo para com a espécie humana levou Zeus a provocar o dilúvio.

Na Grécia antiga, do mito à tragédia não há mais que um passo. Se o mito é o pessimismo em estado bruto, a tragédia é a vivência explícita do pessimismo. O que a tragédia faz é dar vida ao mito, investindo-o de carne e osso. Ela vivifica o mito, transformando-o em vivência e, assim, recoloca-o num lugar de existência efetiva no mundo. Uma recomposição, em que o mito assume seu lugar original. O aspecto sombrio da tragédia não existiria sem o apelo ao fundo ancestral de angústia, terror e pessimismo que envolve a existência humana, num mundo de sofrimento, fragilidade, destruição e morte. O destino inexorável refletido na tragédia representa o próprio fato de se viver neste mundo, em que o enigma da existência mostra sua face cruel. É na tragédia que os gregos melhor souberam interpretar sua angústia e sua desolação diante do terror, da dor, da calamidade, do aniquilamento e da morte.

A mais fiel representação da desdita humana perante o destino inexorável encontra-se na tragédia ática. Nela, as coisas são colocadas de tal modo que não há alternativa possível ao herói, dado que o destino não lhe pertence. Por mais extraordinário e admirável que seja o herói, ele é conduzido inevitavelmente pelas potências obscuras da vida. É preso à vida e dela faz parte, da mesma forma que faz parte do destino inelutável. É característico da tragédia mostrar a sina humana de lutar pela vida, mesmo sem qualquer esperança de vitória. Tudo é determinado por *Ananke*, a Necessidade, juntamente com as *Moirai* (as Moiras), que eternamente governam os destinos do mundo. O pessimismo é ancorado nesse fundo perene de necessidade-destino, colocado entre a potência divina e a *hybris* humana.

Não causa surpresa, portanto, que os três principais poetas trágicos gregos, Sófocles (c. 496-c. 406 a.C.), Ésquilo (c. 525-c. 456 a.C.) e Eurípedes (c. 480-c. 406 a.C.) tenham em suas obras feito alusões à lenda do Sileno. Sófocles (1964, p. 135), o poeta da serenidade, faz o coro dizer em Édipo Rei: "Gerações de mortais! A meus olhos, como é nada a vossa vida!" O pessimismo acompanhava Eurípedes em seus cantos de dor universal e em suas admoestações (especialmente em *Orestes*) quanto à ilusão de se prender à alegria, à beleza e à pureza. O demônio Alástor e os sinistros poderes sobre-humanos estão sempre prontos para dominar as cenas da tragédia.

Em *Os Heráclidas*, Eurípedes clamou sem consternação que morrer é o melhor remédio para os males da vida.

O espectador identificava-se com os heróis trágicos e tornava-se participante do enredo, pondo neles seus problemas, dificuldades, comprometimentos e, também, seu pessimismo. O sinistro poder da tragédia universaliza-se, desse modo, como fator emblemático da condição sofredora de todos os mortais. Em particular, representa a crise espiritual vivida pelos gregos do século V a.C. Contudo, se a tragédia, como o mito, é polissêmica, está nela contida a tendência à superação. Em primeiro lugar, de superação do próprio pessimismo por meio daquilo que Aristóteles denominou *katharsis*, a purificação das emoções pela tomada de consciência. O grito que faz ressoar a necessidade de superação origina-se do próprio fundo tenebroso da existência, com o qual é preciso lidar. Em *Agamenon*, Ésquilo (1964) afirmou que Zeus estabeleceu a lei pela qual o conhecimento paga o preço da dor: *páthei máthos*, a sabedoria alcançada por intermédio do sofrimento. Além disso, as penas do herói mítico não nos devem cegar para o convite à transcendência ética, na qual o ser humano se coloca em plano de dignidade perante os deuses, haja visto os destinos de Antígona, de Prometeu e do próprio Édipo. A maior tragédia não é morrer, e sim morrer despojado de valor humano e rebaixado de condição digna, nobre e responsável perante o Universo.

Que reflexos teve o estado de espírito pessimista sobre a filosofia grega do século V a.C.?[3] O exemplo mais expressivo está em Empédocles (c. 490-c. 435 a.C.), filósofo, poeta, erudito e taumaturgo, de quem sobreviveram cerca de 400 versos. Ele realizou uma síntese eclética das ideias das escolas jônica e eleática, assim como do pensamento de Heráclito, resultando na filosofia de que, a partir de quatro

3 Ainda que haja autores, como Rosset (1989a), que fazem distinção entre uma filosofia trágica e uma filosofia pessimista, importam aqui as implicações pessimistas que envolvem a tragédia ática.

elementos primordiais (água, fogo, terra e ar), ocorrem infinitas combinações casuais sob duas forças mestras, designadas como *philia* (amor, amizade) e *neikos* (ódio, discórdia). Ou seja, trata-se daquilo que eternamente une e daquilo que eternamente separa. Os seres são formados e alterados pela combinação e descombinação dos quatro elementos e das duas forças que se associam e se dissociam. Da luta, opera-se a organização e a desorganização. A constituição do cosmo é fundada nas agregações fortuitas e casuais que ocorrem, determinando formações e configurações que seriam diferentes se o acaso se dispusesse de outro modo. De início, no cosmo primitivo, sob a forma de uma imensa esfera, a matéria eterna e potencial estava unida no todo e confundida em estado informe; depois se diferenciou por meio da luta entre os princípios opostos. Por simples acaso, ocorre a emergência de alguma coisa, havendo períodos em que há predominância de um princípio sobre o outro, mas sempre de modo casual e fortuito. O mundo em que vivemos é, portanto, constituído por átomos que se associam e se dissociam por acaso. O pessimismo filosófico-poético da concepção de Empédocles está em que o mundo é feito na profusão das forças cegas, sendo produzido por acaso. Nele, a ideia de ordem é apenas eventual, conjuntural e improvável, porque não há nada que, por princípio, lhe dê estabilidade e coerência. O cosmo é construído por arranjos erráticos de elementos, formados no jogo aleatório de forças que casualmente se juntam e se separam. Um mundo em que a indiferença das forças em luta dita os resultados. Por isso, Empédocles (1964, p. 134) clamou: "oh infeliz raça de mortais! Oh raça lastimosa! De que disputas, de que gemidos sois nascidos!" Resta a questão: Qual é o sentido da existência de um mundo sem sentido? Parece que Empédocles se suicidou, lançando-se no Etna.

Nos séculos IV e V a.C., floresceu na Grécia a filosofia sofística, tendo por expoentes Górgias (c. 487-c. 380 a.C.), Protágoras (c. 485-c. 411 a.C.) e Pródico de Ceos (c. 465-c. 395 a.C.). Os membros dessa escola definiam-se como filósofos, mas também como oradores, retóricos, especialistas em eloquência e em gramática. Hoje se pensa em sofisma como pensamento enganoso, que só tem a aparência de verdade. Mas, naquela época, se referia à habilidade no manuseio das palavras, da gramática, da eloquência e da argumentação, de modo que fazia parte do ideal de *arete*, relativo à formação espiritual e à arte educativa do cidadão grego (JAEGER, 1986). Pródico de Ceos considerava-se apenas hábil na arte de falar, e isto era importante sobretudo enquanto perdurou o ambiente democrático de Atenas. Os sofistas propugnavam um subjetivismo filosófico e um relativismo radical. Preconizando que só existem ideias, e não o mundo como realidade objetiva, qualquer ideia poderia ser defendida como válida; daí, a ênfase no valor da argumentação. Levaram ao extremo as concepções de Heráclito de Éfeso sobre o fluxo perpétuo: se tudo muda a todo instante, como o fragor das ondas, não há nada que se possa tomar como definitivo e, portanto, como real. Isto é, nada existe que se possa considerar verdadeiro, pois não há ser, só há aparência. Nessas condições, a filosofia envereda para o mais completo niilismo. Isso se torna claro em Górgias (1964), que, além de afirmar que nada existe, concluiu que se algo existe não pode ser conhecido, nem comunicado; nada que possa ser definido por uma identidade real. A própria natureza entra nessa categoria. Se tudo é ocasional, acidental e fortuito, substitui-se a noção de natureza pela noção de convenção. Protágoras (1964) dizia que conhecer é sentir: cada um conhece a seu modo e tudo pode ser como não ser, dependendo da variabilidade das interpretações. Ele insistiu (PROTÁGORAS DE ABDERA, 1964, p. 204) que "o homem é a medida de todas as coisas", uma asserção que pode conduzir a desmesurado egocentrismo.

Se o niilismo consiste na afirmação filosófica do vazio, o pessimismo é a convicção de que este mundo é nada e sua vacuidade se mostra por toda espécie de carência e falta. Pela negação da existência da realidade e da verdade, o niilismo torna-se pessimismo na "representação trágica do não ser" (ROSSET, 1989a, p. 128). A força do pessimismo reside, pois, no estágio da subjetividade vazia, da qual decorre a ideia de um Universo sem referências, instável e desprovido de sustentação. Não havendo nada que dê real sustentação e sendo só aparência, a significação se perde e, em consequência, não se pode esperar nada de coisa alguma, nada de bom. Viver implica sofrimento, porque o mundo é completamente despido de alegria. Trata-se de um mundo chapado, aplastado e opaco, sem expressão viva. Nele, falta a alegria da descoberta de vinculações e de existências que convidam à participação e à comunhão. Não havendo ser, não há, também, sustentação à realidade interna. A exteriorização do nada e sua projeção no mundo correspondem à passagem do vazio interior para uma conceitualização subjetivista com aparência de objetividade. A experiência do vazio é, então, guindada à formulação de uma visão de mundo, cujos efeitos se fazem sentir na filosofia.

Em época posterior à sofística, introduziu-se outra escola filosófica, o ceticismo, que teve larga influência sobre o pensamento greco-romano. É interessante examinar o ceticismo em suas relações com o pessimismo. O fundador e principal representante dessa escola foi Pirro (c. 365-c. 275 a.C.). Em razão de duvidar de tudo, pregava a abstenção total de julgamento e a suspensão completa de juízo sobre as coisas. Dizia que não confiava no valor do conhecimento e ninguém poderia se arrogar de saber alguma coisa, porque jamais seria possível saber como os fatos verdadeiramente são. Se a verdade não pode ser conhecida, melhor seria cultivar a *adiaphoria*, a indiferença, inclusive a respeito de estar vivo ou morto. As funções mentais responsáveis pelo conhecimento, em especial os órgãos dos sentidos, são contraditórias e enganosas. Como confiar naquilo que é tão volátil quanto os sonhos? Como prender-se a uma realidade incerta, imprevisível, movediça, enigmática, insegura e, como tal, inatingível? Isso abrangia até as esferas da lógica e da moral. Os céticos buscavam a felicidade, mas se precaviam e se resguardavam na prática da dúvida sistemática; por isso, não consideravam nada seriamente. Para eles, as ocorrências naturais da vida eram ilusórias e incompreensíveis, uma vez que não lhes parecia possível comprovar nada como verdadeiro. A felicidade consistia na *ataraxia*, a ausência de perturbação, um bem-estar negativo, advindo de total abstenção, que incluía a *afasia*, não dizer nada. Pirro não deixou nada escrito, mas suas ideias foram transmitidas pelos discípulos. Imitou Sócrates, fazendo-se seguidor da famosa máxima: "se sei alguma coisa, só sei que nada sei". Contudo, diferentemente de Sócrates, Pirro se armou de defesas intelectuais em relação a um mundo repleto de contradições e conflitos, que se colocava além das possibilidades de compreensão. Isso o conduziu ao niilismo intelectual. Como esteve na Índia, seguindo os exércitos de Alexandre, o Grande, teve contato com a seita dos ginosofistas e alimentou a convicção de que a realidade era *Véu de Maia*, pura aparência, justificando-se em duvidar até da própria dúvida. Apesar de tudo, o ceticismo teve muitos adeptos, a começar por Tímon de Fliunte (c. 320-c. 230 a.C.), que escreveu poemas destinados a ridicularizar os sistemas filosóficos. Contrariamente a toda certeza, Arcesilau (c. 316-c. 241 a.C.) e Carnéades (c. 215-c. 129 a.C.) defenderam a ideia de se admitir o que é mais provável, sendo precursores das noções de probabilidade. Considera-se que a filosofia cética foi um movimento salutar de reação aos dogmatismos aristotélico e estoico, pela introdução da *aporia*, o acolhimento impactante de opiniões contrárias. Além disso, o filósofo cético tinha a virtude de ser um pesquisador e de chamar a atenção para a questão de o conhecimento ser sempre parcial e relativo. Não significa, porém, que nada se possa saber. Se é verdade que não podemos conhecer a natureza última da realidade, é certo que o conhecimento pode ser obtido com base nas verificações disponíveis e possíveis.

Como situar o pessimismo do ceticismo? A qualquer pessoa de bom senso, é inegável que a realidade externa, tanto quanto a interna, pode se tornar carregada de violência, destrutividade e toda sorte de complicações. Frequentemente, a realidade é sentida como pouco acolhedora, má e inimiga, sendo preciso evitá-la a todo custo. O ceticismo, em sua forma original, teve por fundamento, justamente, a evitação e o desligamento, em vez do encaramento das vicissitudes. Em consequência, o mundo tornou-se indiferente ao cético, que lhe voltou as costas e o ignorou. Ignorou-o no ato de afirmar que a realidade não pode ser conhecida, que o conhecimento é inacessível. Essa afirmação implica outra: o mundo não é verdadeiro nem falso, não existe verdade nem mentira. Se é assim, é melhor não sentir nada, não se preocupar com nada, porque nada vale a pena. Em vez de sentir o mundo complexo, difícil e hostil, que faria o sábio sucumbir na fragilidade e no desespero, é preferível acreditar ser impossível dar conta realmente dele. Não o pode amar, nem o odiar, porque dele não tem notícias reais e verdadeiras. O sábio suprime o fato de que conhece satisfatoriamente o mundo, colocando-se na posição de que não é possível saber alguma coisa. O lado desconhecido alimenta e justifica sua evasão do lado conhecido. Ele vive alheado, ao acreditar que não sabe nada. Busca a paz de espírito no afastamento dos problemas, ao que dá o nome de indiferença. Uma alienação que corresponde à paz dos cemitérios. O cético extremado diz: "se não há como descobrir a verdade, então não há motivos para aborrecimentos" (cf. WARBURTON, 2012, p. 20). A indiferença é uma forma de subtração à vida, de não se importar com ela e de não sofrer os impactos da realidade. Indiferença e abstenção são sinônimos de paralisia e de anestesia, por afastamento de toda realidade, seja esta boa ou má. É uma atitude que, ao eliminar toda a possibilidade do conhecimento, rejeita a capacidade de se lidar com as dificuldades, os conflitos e as perturbações. O pessimismo do cético rigoroso consiste nessa visão desastrosa: se nada é possível conhecer, o mundo é desprovido de referências, onde tudo pode ser, como não ser, sem jamais se saber do que se trata. Sem apoio no que quer que seja, o pessimismo reside nessa escuridão, de onde nada emerge, porque não é possível qualquer emergência verdadeira.

Outras escolas filosóficas da antiguidade greco-romana procuraram dar, cada qual a seu modo, respostas aos mesmos problemas. Geralmente, tendo por pano de fundo as filosofias epicuristas, estoicas e cínicas, as respostas sugeriam a independência do indivíduo em face dos sofrimentos, dificuldades e incertezas da vida. A noção de *autarkeia*, autossuficiência, era especialmente cara aos filósofos cínicos, que buscavam a total autonomia do indivíduo, tornando-o indiferente a toda regra moral e disciplina social. Para viver em acordo consigo próprio, as condições indispensáveis eram a evitação dos conflitos, as satisfações frugais e não se deixar dominar por desejos. Para esses filósofos, o maior dos bens consistia em saber viver sem eles. Para Antístenes (c. 444-365 a.C.), fundador da escola cínica, a única sabedoria estava no discernimento de não se deixar dominar, nem se escravizar. Cultivava o retorno à vida simples, desprezava as honrarias, as riquezas e até a cultura. Vivia em conformidade com as leis naturais e em confronto com as leis sociais. O lema distintivo dos cínicos era a *parrhesia*, não ter peias na língua, falar o que vinha à cabeça. De todos os filósofos dessa escola, Diógenes (413-327 a.C.) é o mais conhecido, exatamente por sua excentricidade e insistência em viver de modo alternativo. Ser cínico significava levar uma vida parecida com a dos cães. Diógenes morava num tonel, vivendo como mendigo. Não se pejava em defecar e se masturbar em público. Era uma forma de ascetismo que pregava a recusa ao mundo, a evasão da realidade e o pessimismo em relação à vida, tomada como um grande mal. Uma filosofia feita de indiferença, desprezo e fastio. Diante das condições desfavoráveis, da maldade e da tragédia, a solução dos cínicos era a liberdade, obtida por meio do protesto, da evitação e da fuga. Isso lhes parecia mais condizente, em vez da participação efetiva na construção de um mundo melhor. Nisso está implicado forte sentimento de desolação, desgraça e pessimismo. Por isso, Bertrand Russel (1969, p. 271) pôde dizer, em relação à filosofia antiga, que "Aristóteles era o último filósofo grego que enfrentava o mundo alegremente". Alguns deles, como Hegésias (fl. 300 a.C.), da escola cirenaica, chegaram a um pessimismo radical: sendo impossível livrar-se dos sofrimentos e obter a felicidade, Hegésias recomendava o suicídio.

No ambiente efervescente de ideias em que floresceu a filosofia grega, despontou a figura ímpar e excepcional de Epicuro (341-270 a.C.). Não foi pessimista, mas alimentou todo tipo de discussão a respeito do assunto. Inspirou-se em Demócrito (c. 460-c. 370 a.C.), que reproduziu as teorias de Leucipo (c. 460-c. 370 a.C.). É difícil distinguir com clareza o que pertence a Demócrito ou a Leucipo nos fragmentos que chegaram até nós. Sabe-se que este último foi o primeiro filósofo a conceber os átomos como princípios de todas as coisas. Para ele, uma parte do Universo é preenchida de matéria, a outra é vazia. Ao se misturarem infinitamente os átomos no vazio, formam-se os corpos. O mundo é criado em um turbilhão de movimentos e agregações. O turbilhão consiste numa poeira central que, sendo impelida para fora, dá origem a massas compactas. Tudo se choca, se une, se separa, se dispersa e se solidifica, dependendo do estado dos elementos. Os corpos lançados para fora formaram a Terra e os demais corpos celestes. Tal é a doxografia de Leucipo, como foi exposta por Diógenes Laércio no século III a.C.[4] Demócrito, por sua vez, também não era pessimista: dizem que vivia sorrindo. Afirmava que os átomos são corpos infinitamente pequenos e indivisíveis, que nascem e se agregam no turbilhão; ao serem lançados em todas as direções, compõem a variabilidade da matéria existente. O Universo é gerado absolutamente ao acaso, por força da matéria, a partir dos átomos e do vazio. Demócrito atribuiu aos átomos as qualidades

4 Para maiores informações, cf. o livro *Les penseurs grecs avant Socrate*. Trad., introd. e notas por J. Voilquin. Paris: Garnier/Flammarion, 1964.

da forma e da grandeza. Epicuro, que continuou a desenvolver essa teoria, acrescentou-lhes o peso, algo que os faz se moverem. Se os átomos são constituídos de peso, caem infinitamente para baixo, configurando-se sua declinação. Para Epicuro, uma vez ou outra, alguns átomos desviam-se do percurso vertical e entram em colisão uns com os outros. A declinação dos átomos, chamada de *clinamen* por Lucrécio (98-55 a.C.), responde por um entrechoque infinito, do qual emerge por combinação fortuita e casual todo o Universo. Desse modo, são estabelecidos os princípios pelos quais tudo se forma por indeterminação e eventualidade, sem a intervenção de forças exteriores à matéria.

Lucrécio, poeta e pensador romano, é considerado o mais importante discípulo de Epicuro. Para ele, também, o mundo era constituído de matéria e vazio, desde os *primordia rerum*, os corpos primordiais das coisas. São átomos que, por uma razão natural, formam os seres animados e inanimados. Dos entrechoques casuais que se dão no desvio do *clinamem* resulta o Universo, produzido absolutamente por acaso. Não há direcionamentos prévios, norteadores das constituições dos corpos, mas somente formações fortuitas, originadas dos entrechoques dos átomos. Não há, tampouco, uma natureza, tomada como princípio de ordem ou unificada sob determinadas constantes. O que se chama de natureza são os elementos constituídos pelos resultados bem ou mal sucedidos do jogo das circunstâncias. A isso se poderia chamar, também, de estado geral de indiferença da natureza. No plano do relacionamento humano, ela reflete-se como *simulacra*, simulacros ou imagens enganosas, que o vulgo toma por verdades. Na natureza não há significados reais, porque eles são dados arbitraria e convencionalmente, nem nada verdadeiro, porque inexistem referências em que se basear. Rosset (1989a, p. 153) afirma que "o acaso *constitui uma razão*,[5] que é precisamente o que

5 Os grifos constam do original.

Lucrécio pretende descrever sob o nome de natureza das coisas". Para Rosset (1989a, p. 142), trata-se de uma desnaturação "aberta a todas as incertezas e a todas as catástrofes, incapaz de constituir um mundo". A matéria inerte jamais seria capaz de constituí-lo. Paradoxalmente, em Lucrécio, o acaso produz essa constituição. Mas como se torna possível extrair daí as leis de constituição e de organização? Como explicar a complexidade do advento da vida e a formação da mente? A ideia de uma natureza que se autoperpetua friamente parecia simples a Lucrécio e aos atomistas gregos, porque era um pensamento libertador relativamente às crenças religiosas e aos condicionamentos culturais daqueles tempos, assim como era uma forma de acalmar a mente por meio do conhecimento e uma via para a prática da *ataraxia*, em busca da paz de espírito, afastando a ignorância e o medo da morte. Lucrécio (2015, p. 199) disse: "ensino coisas grandiosas e procuro libertar o espírito dos apertados nós das superstições", apesar de que pairam sobre tudo os *rerum simulacra*, os simulacros das coisas.

Por detrás de toda a maravilhosa e encantadora composição poética de Lucrécio, o Universo é criado e se mantém como um corpo automático e exangue, cuja vida é em si mesma sombria, sendo uma espécie de caricatura da vida real. Há uma natureza que se esvai na roda contínua da incessante criação da matéria, que se extingue e recomeça infinitamente pelo labor extenuante e sem sentido da repetição. "Giramos no mesmo lugar e é aí que sempre estamos", afirmou pressurosamente o autor de *De rerum natura* (LUCRÉCIO, 2015, p. 195), querendo dizer aquilo que mais adiante se tornou rigorosa precisão: "a raça humana sempre labuta em vão e inutilmente" (LUCRÉCIO, 2015, p. 337). O tradutor e comentador da obra em português (CERQUEIRA, 2015, p. 9) sublinhou haver "uma angústia que resulta da contemplação do universo abissal". Neste, as combinações estão em permanente transformação, sem se excluir a dissolução e a catástrofe que rondam por tudo. A morte é assunto sempre presente, ainda que seja um nada, que o poeta romano chama de repouso tranquilo. Viver sem ilusões? Um grande desalento parece ter-se apoderado de Lucrécio no final da obra, que ficou inconclusa. Ele provocou um desfecho trágico em sua vida, findando-a com apenas 44 anos de idade. É surpreendente que tenha se suicidado após a escabrosa descrição da peste de Atenas. Se tivesse finalizado o livro, talvez pudéssemos ter uma ideia mais clara da sua síntese, que enfeixa num sistema único e abrangente as noções fundamentais da *physis*, ligando entre si os grandes filósofos gregos, desde Empédocles. Antes e depois de Lucrécio, os pessimistas sempre formaram legião, especialmente aqueles que fizeram do mundo um lugar de desventuras, tragédias, horrores e absurdos, de que devemos nos livrar. Após Lucrécio e muitos outros, a filosofia greco-romana sofreu a transformadora revolução cristã, que em sua forma primitiva mirava o outro mundo, porque no mundo terrestre não existe perfeição.

2. Irrupções de desalentos sistemáticos

A partir da modernidade, que começou com Montaigne e Descartes, o niilismo, o pessimismo e a visão trágica mantêm-se decididamente na história do pensamento. Poderíamos enumerar uma infinidade de pensadores do negativismo, mas, como nosso objetivo é apenas dar algumas ilustrações de certo modo de pensar, escolhemos Montaigne, Pascal, Schopenhauer, Freud, Sartre e Camus como expoentes históricos de primeira grandeza. Perpassa por todos um panorama sombrio, uma tendência ao vazio e ao nada. Nessa situação errática, predomina o nada do ser, seja por seu caráter ilusório, seja por sua perda e ausência definitiva. Por vezes, o ser dissolve-se em um nada constitutivo ou emerge de um vácuo de desamparo original, de desordem e de caos. Tudo pode acontecer sob o nada, seja ele o ponto de partida ou de chegada.

O escritor Michel de Montaigne (1533-1592) foi um humanista francês versado em estudos clássicos, especialmente nas filosofias céticas, estoicas e epicuristas, tendo realizado em sua época uma abordagem sincrética do pensamento humano por meio da auto-observação constante dos processos psíquicos. Embora fosse um espírito tendente à melancolia, seus escritos revelam vigor e beleza incomuns, como é mostrado em seus *Ensaios*, um gênero literário que ele criou. É característico de Montaigne seu apelo à ligação com a vida *hic et nunc*, aqui e agora, situando-a neste mundo mesmo, para o usufruto das possibilidades existentes, em vez da busca de felicidade em outro mundo. Isso o fez se distanciar de todo dogmatismo teológico e, antes mesmo de Descartes, inaugurar o pensamento moderno. Neste, o que conta sobretudo é a visão relativista da verdade, que Scalfari (2012, p. 64) apontou em Montaigne: "Não há um absoluto, porque cada um dá sua própria visão da verdade e, mesmo, da divindade... Tudo muda, e o presente é um instante fugidio". Esse é, portanto, o começo da modernidade, em que cada um concebe a realidade a seu modo.

Em sua auto-observação, o que Montaigne encontra a respeito do *self*? Para ele, o *self* é variável e impermanente, nada ali é sólido, tudo é mistura e confusão. Sendo o domínio das paixões, tudo flutua ao sabor das circunstâncias. Volubilidade e discordância jogam continuamente suas partidas, dando ao espírito uma face diferente de acordo com o lado que predominar em dado momento. Montaigne (1979a, II, p. 10) disse que "somos todos pedaços e de contextura tão informe e diversa que cada peça a cada instante faz seu jogo, e encontra-se tanta diferença entre nós e nós próprios quanto entre nós e os outros". De tal modo que não se pode confiar nem em nós mesmos: "eu encontro dificuldades de ligar não só as nossas ações umas com as outras, como cada uma delas em particular a alguma qualidade principal, de tanto que elas são dúbias e disparatadas em diferentes manifestações" (MONTAIGNE, 1979b, III, p. 287). Em outras palavras, o *self* está em estado de transformação incessante, diluindo-se em *lopins*, infinitos pedaços, que são particulares a cada momento de sua apresentação. Daqui não se pode tirar nenhuma noção válida da natureza da realidade. Se, como afirmou Montaigne (1979b, III, p. 300), "nossa vida é composta de coisas tão contrárias quanto a harmonia do mundo", assim ocorre, também, com nossa percepção e nossa compreensão. Não havendo na mente nenhum ponto estável, a relação com o mundo se torna igualmente problemática. Assim, a imagem do mundo não está afeita a nenhuma ordem, só depende do estado vivencial momentâneo. Se a interioridade humana é inconstante, impermanente e não confiável, não há como alcançar critérios válidos para nortear a relação com a realidade e com a verdade. Para Montaigne, essa é a debilidade fundamental da mente. Não há realidade propriamente dita, há movimentos do espírito que produzem movimentos diversificados e contraditórios relativamente a ela. Nesse caso, o mundo depende de nós para ter existência: "como nosso nascimento nos trouxe o nascimento de todas as coisas, nossa morte também fará a morte de todas as coisas" (MONTAIGNE, 1969, I, p. 137). A ordem do mundo é fundada na ordem do pensamento. Este cria a ordem, no lugar da descoberta da real natureza do mundo. Montaigne verifica que a desconstrução do ser desconstrói a realidade, fazendo-a depender do jogo incessante do pensamento. Mas a falta de referências básicas persiste, porque, para ele, como apontou Rosset (1989a, p. 104), "a natureza do pensamento é de ordem imaginária". O mundo representado desse modo não é mais que fogo-fátuo, do qual se deve duvidar, pois "nada é mais elástico e errático do que o nosso entendimento" (MONTAIGNE, 1979b, III, p. 246).

O ser humano sem comunicação consigo mesmo, um ser de identidade mutante, um camaleão, em cujo *self* cambaleante a experiência é sempre falha, poderia encontrar algum ponto de apoio realmente sólido? Perdido no tempo e no espaço, o que é de fato esse ser? Nada sendo certo ou seguro, só há agitação e barulho: "nós somos vento por toda parte" (MONTAIGNE, 1979b, III, p. 318). O nada constitutivo campeia por tudo. O que parece existir não é mais do que criação imaginária, artificial e acidental. O fundo do nada é o desalento, que mais tarde Kierkegaard e Sartre irão nomear como angústia.

Um desalento de perdidos e desgarrados de si mesmos, de que não restam senão obscuras aparências e débeis opiniões: "a não existência constante, nem de nosso ser, nem dos objetos" (MONTAIGNE, 1979a, II, p. 266). Dependemos da razão para conhecer, mas a razão não sabe nada, é enganosa. O que temos, portanto, é nada. Para além, tudo é desordenado ou monstruoso. Somos perpetuamente agitados por nossas ilusões, perdidos no infinito imensurável. O que existe não se subordina a nenhuma lei geral, e as belas regras da natureza não são mais do que construções artificiais e questionáveis. Entre nascer e morrer, não somos mais que sombras.

Tal é a descrição do *self* e do mundo, que Rosset (1989a) caracterizou como trágica, centralizada no acaso. Não é sem motivo que, para Montaigne, o ser humano é a mais frágil e infeliz de todas as criaturas, cuja tarefa de viver é a mais difícil. Concordando com opiniões de filósofos antigos, ele aconselhou: que "é hora de morrer quando há mais mal do que bem em viver, e conservar uma vida incômoda e tormentosa é contrariar as próprias leis da natureza" (MONTAIGNE, 1969, I, p. 269). Outra alternativa seria não levar nada a sério, que certamente indicou um caminho ao pensamento de Pascal. De alguma maneira Montaigne encontrou consolação nas práticas epicuristas, que lhe forneceram matéria-prima para a esperança e a busca de clareza. Muitas passagens de seus *Ensaios* são poéticas, e ele retrata cada situação como única, com exemplos vivenciados e vívidos. Assim, o mundo marcha por momentos que fazem sentido e, empregando a temperança e a moderação epicuristas, ele pôde dizer: "amo a vida e cultivo-a tal como Deus no-la concedeu" (MONTAIGNE, 1979b, III, p. 324). Isso para ele tinha o significado de aprender com a experiência.

Resposta totalmente diferente foi dada por Blaise Pascal (1623-1662) às mesmas questões. Ele foi um pensador obcecado pela religião cristã, vivendo retirado em Port-Royal des Champs (França), onde misturou tinturas místicas, sofísticas e céticas. Escreveu sob efeitos de doenças, fragilidades e mortificações. Produziu uma obra incompleta, confusa e difusa, que obrigou os organizadores e compiladores, depois de sua morte, a dar-lhe ordem, clareza e coerência, pela escolha dos fragmentos mais apropriados a seus *Pensamentos*. Na visão pascaliana, o que significa o mundo em que vivemos? Para Mesnard (1958), a visão do universo pascaliano é profundamente patética: o ser humano é um monstro incompreensível, o universo físico é estranho e meramente figurativo, tudo convida a voltar-se para Deus como solução definitiva. Pascal (s.d, III, p. 148) disse:

> *eu olho para todo lado e não vejo senão obscuridade. A natureza nada oferece, a não ser matéria de dúvida e de inquietude. Se eu não visse nada indicando uma Divindade, eu me determinaria à negativa, mas se visse por tudo as marcas de um Criador, eu repousaria na paz da fé.*[1]

Fora dessa paz, o significado do mundo é vazio, a natureza é nada e desaparece diante de sua própria corrupção. Sendo figurada aos pedaços, não se pode afirmar que haja na natureza algum sentido de totalidade ou de conjunto. Na verdade, para Pascal (s.d, XI, p. 343), o homem é abandonado a si mesmo, sem luz, num "universo mudo". Na natureza não há o que admirar, porquanto não há de fato natureza organizada, nem propriedades de auto-organização: prevalecem os princípios de indiferença, repetição e homogeneidade. Como Montaigne, Pascal dá foros de realidade aos costumes, de preferência à ordem da natureza, ainda que, criticando Montaigne, ele enfatize a razão e a justiça dos costumes. Mas, no todo, "não existem princípios naturais, senão apenas princípios dos costumes" (PASCAL, s.d, II, p. 89). Ou seja, tudo gira sem haver lugar central, sendo o império da convenção, da aparência e da artificialidade, que implicam falta

1 Tradução livre do autor.

de referência, de segurança e de firmeza. No fragmento denominado *Desproporcionalidade do homem*, Pascal (s.d, II, p. 68) afirmou que, saídos do nada, "vagamos impelidos de uma extremidade a outra, num meio vasto, sempre incertos e flutuantes". Comentando essa passagem, Rosset (1989a) considerou que se trata da falta de proporção na qual se basear para o ser humano conhecer o seu lugar e provar o seu ser; ou seja, refere-se à confirmação do princípio do acaso. "Os fins aniquilam-se em presença do infinito e do puro nada", disse Pascal (s.d, III, p. 233). Aniquilado o mundo, resta a esperança em um outro mundo. Salvo a religião, nada oferece conhecimento e consolo, sequer a ciência.

O ser humano, um anjo decaído, foi criado em estado de perfeição, mas perdeu esse lugar e essa grandeza. Desnaturada, a natureza humana tornou-se miserável, desregrada e concupiscente. Esse agora é seu estado básico e elementar. Mas não só. A própria natureza está perdida e faz parte da corrupção. Ela é "corrompida por si mesma" (PASCAL, s.d, II, p. 65) e isso a reduz a nada. Nesse contexto, como configurar o ser na ordem humana? Fazendo parte da corrupção, esse ser só pode se tornar detestável. Ou melhor, não há propriamente um ser, porque "a nossa natureza é o costume" (PASCAL, s.d, II, p. 17). Ao tentar conhecer o ser, encontramos o nada, apesar de todos os apelos pascalianos em favor do conhecimento de si mesmo para regrar moralmente a vida. A qualquer lado a que nos dirigimos, encontramos futilidades e, aqui no mundo, o que pode nos consolar é o divertimento. Mas, antecipando-se a Schopenhauer, Pascal pontua que o prazer não nos faz felizes, porque somos tomados por desejos insaciáveis. Então, a verdade está em outro lugar, não aqui e agora. A essa verdade se chega pela razão, mas também pelo coração, e ela consiste na fé. O mundo é nada e deve ser ultrapassado em vista da felicidade na fé em Deus.

Essa não foi, certamente, a resposta de Sigmund Freud (1856-1939), que se concentrou sobre a vida mental, levando em conta o que se passa neste mundo mesmo. Mesmo sendo de origem judaica, suas relações com as práticas religiosas foram relativamente distantes. Ele é o grande introdutor da noção de inconsciente, um conceito-chave da psicanálise, ciência de que ele foi o primeiro a lançar os fundamentos. A proposição central de Freud ancora-se no conceito fundamental de pulsão, que representa o aspecto psíquico das excitações originárias de várias partes do organismo, consistindo basicamente em pulsões sexuais e pulsões destrutivas. Para ele, as pulsões são imperativas, determinantes, inesgotáveis e insaciáveis, buscando o preenchimento incessante de satisfações, mesmo que sejam vergonhosas e incivilizadas. Elas se constituem na natureza essencial do ser humano, tendo sido o foco privilegiado da atenção de Freud durante toda a sua vida. Ele afirmou (FREUD, 1996a, p. 84) que "o que decide o propósito da vida é simplesmente o programa do princípio do prazer". Contudo, as pulsões de vida associam-se às pulsões de morte, sendo estas igualmente soberanas, voltando-se tanto contra o mundo externo quanto contra o próprio indivíduo. Ao lado do princípio do prazer (e na busca de sua remodelação) encontra-se o princípio de realidade, que considera as possibilidades realísticas de obtenção do prazer e de evitação do desprazer e do sofrimento por meio de ações efetivas sobre as pulsões. O princípio de realidade leva em conta as possibilidades de satisfação pulsional, tendo presente o mundo externo, especialmente as ações civilizatórias, que impõem restrições e sacrifícios às pulsões sexuais e destrutivas. Freud (1996a, p. 104) disse que "a civilização é construída sobre a renúncia ao instinto". Se não fosse assim, as paixões instintivas impediriam praticamente a realização do ideal civilizatório, criando obstáculos intransponíveis ao desenvolvimento humano. Trata-se da "substituição do poder do indivíduo pelo poder da comunidade", criando-se um "estatuto legal, para o qual todos contribuíram com o sacrifício de seus instintos" (FREUD, 1996a, p. 101; 102). Daqui surge o recalcamento das pulsões, um mecanismo nem sempre eficaz, porque elas não fazem cessar a busca permanente de satisfação. Freud mostra que o inconsciente desempenha um papel primordial nesse jogo de contradições. Apesar do recalcamento, as pulsões nunca permitem ser completamente amansadas ou dominadas, tornando o mundo interno um lugar sombrio, onde impera um jogo de forças tenebrosas, comparáveis à *hybris* entre os antigos gregos, que respondia pelos destinos da humanidade. Naturalmente, outros mecanismos psíquicos entram em ação, como a sublimação, mas eles são, por assim dizer, paliativos. A sublimação é um deslocamento das pulsões para derivações variadas, que vão desde a religião, o mundo de fantasias e a arte até as ilusões e as drogas. Para que sejam possíveis momentos de prazer, é necessária a gestão incessante dos conflitos, mas, para Freud, o que predomina é o desprazer e o mal-estar generalizados. As forças inconscientes geram e compõem uma situação praticamente insuperável, vindo a constituir a tragédia da condição humana. Ainda que Freud acredite que o princípio de realidade possa eventualmente se impor, nada o garante, porque o ser humano não é senhor de si mesmo, o ego não é dono de sua casa. O ser humano traz dentro de si algo que o ultrapassa, tornando-o escravo em vez de senhor.

Em Freud, tudo converge para o absolutismo das pulsões. Como a Vontade de Schopenhauer, elas formam o fundo abismal do homem freudiano. Sendo avassaladoras, cegas e inarredáveis, o ser humano torna-se um joguete. Constituem-se como senhor tirânico, primitivo e insaciável, podendo levar à desordem, à guerra e ao caos. Não há senão raros momentos de estabilidade, tranquilidade e paz. Por faltar fôlego às formas de união instituídas por Eros, tudo pode caminhar ao sabor do jogo cego das forças em conflito e, assim, o egoísmo, a instintividade, a malevolência, a dominação de uns sobre os outros e todos os males da caixa de Pandora tendem a entrar em cena. Embora, para Freud, existam forças de vida, a rigor não há, a não ser de modo titubeante, a firmeza de um agente interno de ordenamento.

Considerável, pois, é essa dificuldade da presença marcante de um princípio unificador na mente humana. Ou seja, não há nada que se distinga com eficácia para trabalhar a serviço da harmonização das partes contraditórias, que são deixadas por conta da eventualidade. A personalidade é entregue a um jogo cego de elementos e de fatores em turbulência e conflito. Isso aproxima o homem freudiano da doxa pascaliana, em que as forças escabrosas são dominantes diante da fraqueza das forças que podem se lhes opor. Daí, a conclusão da impossibilidade de haver alento à condição humana. O trágico, em Freud, não está somente na relação com a tragédia grega para a sustentação teórica da psicanálise, mas na sua concepção a respeito da condição humana, submetida ao conjunto de forças que se formam, se degladiam e se mantêm segundo as circunstâncias, cuja tendência é o retorno à cessação da vida, ao inanimado e ao nada. Não é sem razão que Rosset (1989a) inscreveu Freud no rol dos pensadores trágicos, nos quais predomina sobretudo a afirmação do acaso.

A psicanálise freudiana inclui-se, assim, na longa tradição de tragicidade. Freud não apenas enfatizou a tendência ao inanimado, mas se pôs ao lado daqueles para quem o objetivo da vida é a morte. Comentando a pulsão de morte, Pastore (2015, p. 262) disse que ela "é irrepresentável, e seu movimento se expressa inexoravelmente em direção à morte, à extinção do indivíduo e ao seu retorno a um estado anterior de coisa". Daí, segundo essa autora, o papel estratégico do desamparo na metapsicologia freudiana. Um Freud pessimista? Ele próprio diz que não, numa entrevista dada a G. S. Viereck, publicada em 1930. Nessa entrevista, ele concluiu (*apud* ALTMAN, 2004, p. 105): "estou muito satisfeito de saber que o eterno absurdo de viver terminará um dia". Apesar de tudo, para ele, a esperança continua no vigor da natureza, que, pondo em movimento as pulsões de vida e de morte, "consegue manter o amor sempre vigilante e renovado, a fim de protegê-lo contra o ódio que jaz, à espreita, por detrás" (FREUD, 1996b, p. 309).

Entretanto, o desalento de Freud é simples balbucio comparado com o de Jean-Paul Sartre (1905-1980). Para este, o mundo é *em si* opaco, inerte e maciço, feito da facticidade que coisifica e aliena o ser humano. A realidade bruta, porém, pode revelar a existência da realidade humana, segundo a consciência que a torna *para si*. Um mundo é criado a partir desse ato de consciência. A existência do mundo é dada pelo "sentido permanente e longínquo a partir daquilo que posso compreender e, deste fato, ele é concebido como ser" (SARTRE, 1948, p. 75). O mundo é o que faz dele a concepção que temos a seu respeito, por isso Sartre (1962, p. 93) pôde dizer: "não há outro universo senão o universo humano". A consciência é nada sem esse ato de reconhecimento, mas é tudo para legislar sobre o aparecimento do mundo. No fundo, a consciência é vazia não só do mundo (anteriormente ao seu aparecimento) como também de um ser (a interioridade vazia). Esse vazio se apresenta normalmente como náusea e como não ser. Para que emerja o ser da consciência, é preciso que se apresente um outro ser: "o seu ser, como ser, implica outro ser que não o seu" (SARTRE, 1948, p. 29). Então, é uma consciência refletida, não havendo um ser estabelecido para regê-la. Na verdade, para Sartre, nada existe como necessário, nem há essência humana; tudo é dado e existente por pura contingência. Assim como para Pascal e Montaigne, o costume e a eventualidade são normatizadores do que se chama existência, pois formam o sujeito e, para este, o mundo. O absurdo da existência reside justamente no fato de que não há um sentido *em si*, porque "o ser, como ser, pode sempre se revelar como nada" (SARTRE, 1948, p. 59). Isso significa que não há propósito na existência, sua finalidade é o nada. Sartre (1948, p. 713) pontuou: "O ser é sem razão, sem causa e sem necessidade; a própria definição do ser nos dá sua contingência original". Ele apontou insistentemente que a vida não tem sentido, que ela é nada: o absurdo de todas as coisas, de estar no mundo e do próprio mundo. O homem é definido por ausência: "eu sou sobre o modo de ser que eu não sou" (Sartre, 1948, p. 100). Tudo converge para o vazio, para o nada, porque toda existência é inútil, absurda e sem sentido. Não faria a menor diferença se deixasse de existir. Então, tanto faz existir alguma coisa ou não. É absolutamente indiferente ser ou não ser.

Sartre (1962, p. 95) afirmou não ser pessimista, porque o existencialismo traz uma solução prática ao impasse: "o existencialismo é um otimismo, uma doutrina de ação". Se a vida não tem sentido, cabe a cada um dar-lhe o sentido que escolher, e esse sentido será o valor da vida humana. Se não há nenhum propósito em viver, cada um é livre para atribuir um propósito e, se não há essência, esta pode ser forjada no engajamento da vida, por decisão subjetiva daquele que se sente sozinho e desarmado. Nesse sentido, a existência precede a essência. Trata-se, sem dúvida, de "um otimismo de desafio, um otimismo de *apesar de*", como notou Stern (1951, p. 55). Pela liberdade e pela responsabilidade de suas escolhas, o ser humano torna-se o que ele é e, ao criar aquilo em que se torna, toma posse de si. No entanto, a escolha responsável é feita, segundo Sartre (1948, p. 633), "em sua maneira de ser, sem ser fundada em seu ser". O que está em foco, portanto, é o ato de tornar-se, de construir-se como existente num universo contingente, em que o homem está condenado a ser livre. Compete-lhe, sobre a base do nada, dar sentido ao que não tem sentido, isto é, criar o mundo.

A mais pungente afirmação do existencialismo encontra-se nas considerações que Sartre fez a respeito de Stéphane Mallarmé (1842-1898), no *Prefácio* das *Poesias* deste (SARTRE, 1952). Ali estão colocadas questões sobre os poemas de Mallarmé, mas também sobre sua escolha do suicídio, tornando-se um exemplo feito na justa medida das concepções existencialistas. Basicamente, a tese que Sartre defendeu para o suicídio de Mallarmé está em que só existe a matéria bruta, na qual o ser humano se inscreve, numa absurda sucessão de acasos e numa série infinita e sem sentido de causas e efeitos. Apenas existe a tragédia, sempre igual no homem e na natureza. O homem é uma ilusão volátil, feita de pura matéria, que é preciso exterminar para adquirir liberdade. Ao consegui-lo, produz-se uma ordem libertadora superior à matéria. Sartre descreveu o drama da existência humana que adquire consciência de si, de sua situação e se liberta pelo suicídio, recusando um destino fútil e inútil. Ou seja, a matéria feita homem debruça-se sobre si mesma e obtém conhecimento de sua desgraça e de seu fracasso. Se o homem é um defeito de fabricação da natureza, produzido pelo acaso, cuja tragédia o faz se dissolver no nada, resta-lhe ainda o recurso de se destruir, e esse ato envolve uma afirmação.

A poesia de Mallarmé (1952), voltada ao negativo, constitui uma afirmação, pois visa destruir o próprio coração do absurdo e a farsa do viver. O poeta negou a vida humana, ao mesmo tempo em que a afirmou pela não aceitação e, nesse ato, houve lucidez. Os poemas da morte entusiasmam, porque exprimem o aniquilamento de toda a criação e a recusa do nada pela extinção, como derradeira vitória sobre um destino atroz e sobre um acaso inconsequente e brutal. O poeta pôde abolir o destino e o acaso, ao afirmar-se simbolicamente. O fracasso tornou-se sucesso, mas este não é mais que impostura, pois tudo é impostura. A impostura é a verdade, porque não há verdade, só há movimentos ao acaso. Impostura e verdade confundem-se, não se sabe ao certo o que é uma e o que é outra e, também, não há nada que seja real em si mesmo. A comédia humana é feita de histrionismo verídico. A angústia de Mallarmé, expressa em seus poemas, é uma angústia metafísica; sua plenitude poética é alcançada na anulação. Ele realizou uma metafísica pessimista, que se fundamenta na ordem muda do mundo. Disse Sartre (1952, p. 7) que "a prosa do mundo não inspira poemas".

Assim, Mallarmé chegou ao suicídio, uma ação negativa que redime o ser humano em geral de sua impossibilidade constitutiva, livrando-o do acaso e do nada. O homem é um sonho impossível:

"as razões de nossa razão são tão loucas quanto as razões de nosso coração, os princípios de nosso pensamento e as categorias de nossa ação são falácias" (SARTRE, 1952, p. 7). Nesse fracasso e nessa tragédia, o suicídio recoloca o problema da ordem humana dissolvida no nada, tornando puro o suicida, pois deixa de ser escravo da matéria, do destino e do imperativo categórico de viver uma vida que não vale a pena. Citando Camus, Sartre (1952, p. 14) concluiu que "o suicídio é a questão original que o homem deve se colocar".

A resposta de Albert Camus (1913-1960) à questão do suicídio é extremamente complexa, porque envolve o absurdo, que é a sua preocupação essencial e primeira. Em *O mito de Sísifo* (1946, p. 36), ele afirmou que "o mundo é absurdo". O absurdo do mundo está em sua estranheza, sua indiferença, sua hostilidade primitiva, sua falta de alma, sua opacidade, seu silêncio inaceitável, sua irrazoabilidade, sua sequidão desértica, suas ilusões, suas falsas aparências e tudo o que engloba alguma coisa desumana. Nele, qualquer sede de alegria e de felicidade se depara com um muro, o amor à vida encontra o desespero de viver, a magnífica paisagem ensolarada tem pela frente a indiferença e a brutalidade, a busca de unidade é contraposta pela falta de realidade e, além disso, um cálculo matemático aponta a morte inevitável. Nesse mundo absurdo, o ser humano não é livre; ao contrário, encontra-se encarcerado. Tal como Sísifo, vive uma vida de trabalhos inúteis e desesperançados, a rotina maquinal alimenta o inferno de um continuado presente sem razão de ser, os próprios seres humanos secretam o fel da desumanidade e, enfim, a vida carece de sentido. Como disse o herói de *L'étranger*, "a vida não vale a pena ser vivida" (CAMUS, 1957, p. 166). O absurdo campeia por toda parte.

Mas Camus não se detém nesse ponto, ele enceta uma análise e uma reflexão sobre o absurdo. Antes de tudo, o absurdo ocorre pela presença em comum do ser humano e do mundo. A seguir, o absurdo nasce de um contraste, de um confronto e de um divórcio entre o que seria razoável acontecer e o que realmente acontece. Mais importante, porém, é a consciência do absurdo. Nesse ponto, a análise de Camus é eminentemente terapêutica: nos momentos em que se toma consciência, há possibilidade de libertação. A consciência de que a vida não tem sentido é libertadora, porque o ser humano a olha face a face, sem ilusões, podendo reverter a situação. Diante do absurdo da vida e da morte, com plena consciência, o homem absurdo sente-se livre para fazer o que quiser: o próprio absurdo liberta-o por consciência e por revolta. Disse Camus (1946, p. 76) que "a vida será mais bem vivida se ela não tiver sentido". Isso significa *fazer viver* o absurdo. Por que não se basear na chama da vida, em vez de ser no absurdo da vida? Para isso, Camus (1946, p. 77) recomendou a revolta, a confrontação e a luta permanente, cujo objetivo é "colocar o mundo em questão". Contudo, é necessário *consentement*, aceitação de que essa é a realidade, embora não haja concordância com ela. A própria luta, como autoafirmação, preenche o coração humano de energia, de vitalidade, e isso faz afastar o desespero. Também, nesse ponto, o ser humano descobre que é criador da sua desdita, especialmente quando se evade. Seu destino humano lhe pertence, está em suas mãos, mesmo que a luta seja sem nenhuma ilusão de vitória. Vitória e derrota não importam em si mesmas, porque "não há sol sem sombra" (CAMUS, 1946, p. 167). Cada um deve contar com o que tem, não com o que não tem, sabendo que suas experiências nascem do deserto. Tornando-se consciente, há a afirmação, que constitui sua liberdade, sua sanidade e sua resposta. Ou seja, o absurdo é ultrapassado por conta de sua própria ação na interioridade humana. Daqui pode surgir a paixão pela vida, que é a urgência de esgotar o que está disponível, sem falsa esperança. A felicidade brota justamente de toda ausência de esperança. Disse Camus (1946, p. 75) que "o homem aí reencontrará finalmente o vinho do absurdo e o pão da indiferença, dos quais ele nutrirá a sua grandeza". Será preciso suicidar-se? O que de início parecia ser um convite à morte transforma-se agora em convite à vida. O suicídio é uma cegueira em relação à superação. Pode-se, coerentemente, partir para o exercício da solidariedade humana.

3. Culminâncias do pessimismo: Schopenhauer

Arthur Schopenhauer (1788-1860), figura emblemática do pessimismo filosófico, foi quem levou ao extremo a visão do mundo e da vida sob o ponto de vista da tragicidade, da falta de sentido, do absurdo e do nada. Confessou ter recebido influências de Platão, de Kant e da filosofia oriental, representada pelo budismo e pelo hinduísmo, mas constituiu por conta própria um corpo filosófico original. Sua obra-prima, *O mundo como Vontade e como Representação*, foi originalmente publicada em 1818 quando ele tinha 30 anos de idade, podendo ser considerada uma obra de cunho metafísico, embora afirme que a existência do mundo pertence ao próprio mundo, sobre o qual Schopenhauer se debruça. Contrariamente às filosofias ditas otimistas, sua filosofia parte da visão do mal, da dor e da morte, que participam da natureza da realidade. Para ele (SCHOPENHAUER, 1941, p. 105), o mundo existe pela Vontade, "a essência íntima de todas as coisas e a substância única de todos os fenômenos". Ela é, porém, uma força cega, irrefletida e indiferente aos seres humanos. Não sendo determinada por conhecimento ou razão, caracteriza-se pela somatória de todas as forças livres, absolutas e todo-poderosas que nela se unificam, agindo cegamente no mundo com aspirações infinitas. Ela é indestrutível, ilimitada e eterna, necessitando de vida para nutrir-se e representar-se no mundo fenomênico. Na interpretação de Rosset (1989b, p. 12), "ela constitui o *real em si*: o *substratum* de toda realidade física, orgânica e humana. Melhor que *substratum*: a Vontade é o próprio mundo, despido de sua aparência fenomênica".[1] Isso significa que a Vontade, ao se objetivar no mundo, se apresenta inteiramente em cada ser individual como imagem de si mesma. São infinitas as representações, conservando em cada uma a essência da Vontade. Partindo desse princípio, não é sem motivo que Schopenhauer descreve um Universo maléfico e desprovido de sentido, em que cada ser da natureza, incluindo o ser humano, não é mais do que títere da Vontade.

Para além das aparências fenomênicas, está a suprema realidade, o *em si* das Ideias, que Schopenhauer, revisitando Platão, rebatizou como Vontade. Daqui surgem a diversidade e a repetição infinita das criaturas condicionadas ao tempo e ao espaço, manifestando-se pelo princípio de individuação. A aspiração da Vontade torna-se o motor da vida, que diferencia os seres entre si e cria as espécies. Mas, como cada qual é a expressão inteira da essência original, o mundo fenomênico está repleto de contradições, conflitos e guerras, que fazem dele um espetáculo de horror. O espetáculo é dirigido pelo querer-viver negativo, que se estende por toda a natureza. Schopenhauer (1941, p. 171) disse que "a natureza toda não é mais que o fenômeno e a realização da vontade de viver". Tudo depende dessa atividade una, que se manifesta no todo e em cada uma das partes. A criação infinita dos seres por conta do querer-viver responde pelo princípio de individuação, mas, sendo um impulso cego e indiferente às criaturas, torna-as meras sombras, relegadas ao mecanismo cruel que as submete à vida, apesar delas mesmas. Ao estabelecer em cada uma a expressão do querer-viver insensato (e com isso dar prosseguimento à repetição insana), entrega-as ao sofrimento

1 Os grifos constam do original consultado.

e à destruição, sendo que o prazer nada mais é do que uma isca e um logro destinados a mantê-las iludidas. Por isso, a filosofia de Schopenhauer deveria se chamar filosofia do sofrimento universal, tendo por fundamento um impulso despótico, hostil, injustificado e desprovido de sentido. Impulso que deveria ser recusado e, se possível, banido da face da terra.

Schopenhauer não se cansa de apontar as cenas de horror da natureza, onde reina a injustiça, com seus tumultos, privações, gemidos e clamores. Nesse ponto, ele parece seguir antigas tradições taoístas que afirmam: "o Céu e a Terra não são bons para os seres que produzem, pois os tratam como cães de palha" (LAOTSÉ, 1950, p. 21).[2] A vida humana é repleta de dores infindáveis e de esperanças vãs, não valendo a pena o esforço e a vibração por ela, porque tudo acaba na morte, após sofrimentos inauditos. Muitas vezes, ele se torna enfático: "este mundo vil é o reinado do acaso e do erro, que o governam sem piedade, nas grandes como nas pequenas coisas, mas que, ao lado deles, a parvoíce e a maldade brandem a férula" (SCHOPENHAUER, 1941, p. 183). Um panorama de desolação, no qual a existência humana é representada como totalmente disparatada, ao lado do despropósito da existência de todos os fenômenos. O insano querer-viver atrai os seres humanos, que são impelidos à vida pela força que os ultrapassa. A máquina infernal age para fazer com que criaturas efêmeras e descartáveis vivam um destino de aflições, misérias e desgraças intermináveis. Na melhor das hipóteses, os prazeres reclamam mais prazeres sem cessar, num pêndulo entre o tédio e a morte. Na tragicomédia da vida, o balanço termina sempre em negativo.

Falar de liberdade nesse universo sem sentido é no mínimo desconcertante. Falar de vida é um desatino, porque em princípio tudo se repete de modo já morto. Ou melhor, há uma ordem absurda,

---

2 Cães de palha são seres de baixa categoria, que podem ser descartados quando se tornam inúteis, segundo alguns comentadores do taoismo.

em que a vida é congelada pela morte. Aí se traduz o mais ferrenho niilismo: o mundo volta-se ao perpétuo autoaniquilamento. Trata-se, porém, do paradoxo do aniquilamento do nada. Schopenhauer (1941, p. 219) concluiu que "este mundo tão real, com todos os seus Sois e todas as suas Vias Lácteas, é que é o NADA".[3] Teria algum sentido manter e prolongar a vida?

Contudo, a recomendação de Schopenhauer não é o suicídio, mas o ascetismo. Diferentemente do animal, que segue os passos da natureza em seus processos de autoaniquilamento, o ser humano é capaz de tomar consciência do que se passa e, assim, romper com a fatalidade. A consciência do problema constitui o ideal filosófico de redenção, estendendo a compreensão ao conjunto de todas as forças que agem na natureza. Considerando a ação da Vontade no ser humano, que se expressa como querer-viver, a filosofia do Schopenhauer preconiza justamente a neutralização da força subjugante a partir da interioridade humana. Isso se faz pela recusa completa ao querer-viver, isto é, pela negação total do desejo como instrumento de tortura. A recusa ao querer-viver consiste no aniquilamento subjetivo da Vontade que, como vimos, é responsável por toda espécie de sofrimento e desolação. O *quiétif*, o aquietamento schopenhaueriano, que ele foi buscar no budismo, é uma abolição da afirmação da vida, como princípio e como fim, por intermédio do ato de despojamento interior, no qual se adquire uma calma parecida com o estado de nirvana. Schopenhauer (1941, p. 217) pontuou: "nada de vontade, portanto nada de representação, nada de Universo". Daqui se segue a práxis de imersão no nada que, no entanto, ele próprio não praticou. Ao contrário, pelo que sabemos, Schopenhauer foi muito sensível às obras de arte, especialmente em seu gosto pela pintura e pela música, tendo legado, além do ascetismo, uma teoria da superação por meio da contemplação estética.[4]

---

3 Em letras maiúsculas no texto original.

4 Cf. capítulo 17 deste livro.

4. Contornando os abismos

Tendências niilistas, pessimistas e sombrias invadiram a modernidade e a pós-modernidade, tanto que até filósofos antimodernos como Heidegger preceituaram a tragicidade. Um clima de desencanto com o mundo permeia a moderna sociedade industrial e atinge a população em geral. Se a vida intelectual se alimenta de tragicidade, o mesmismo, o automatismo, a indiferença e a destrutividade, sendo aliados da concepção trágica do mundo, recobrem grande parte da dimensão fundamental da existência humana. Dissemina-se a convicção de um mundo morto na natureza, que o ser humano deve recriar como substância por intermédio dos próprios esforços. Em vez de servir ao entusiasmo construtivo, isso geralmente resulta num vácuo existencial, tendo por *background* a condição humana lançada num Universo desprovido de sentido. Se o pensamento trágico, na definição de Rosset (1989a, p. 106), consiste no "caráter não natural, mas de acaso de tudo o que existe", o próprio ser da pessoa carece de referências básicas e pode ser criado *ad hoc*, em conformidade com as circunstâncias. Quando os valores inalienáveis de validade universal se dissolvem, aqueles que contam podem ser quaisquer uns. O vácuo pode ser preenchido por todo e qualquer tipo de condicionamento, manipulação, apropriação e entretenimento. O *background* não deixa de ser, contudo, o niilismo, o pessimismo, o catastrofismo, a tragicidade e o cinismo, tomando-se ontologicamente o mundo como um lugar absurdo.

Para o psicanalista, esse é um domínio exercido pela pulsão de morte. As filosofias do absurdo insistem nas razões pelas quais se deva ou se queira eximir-se do contato com a vida. Nelas, é colocada em questão a vida mesma, como expressão requintada da existência. Se Lucrécio logrou desconstruir a natureza, Schopenhauer desconstruiu o próprio impulso original de vida, o querer-viver universal; mas isso se estende amplamente a todo pessimismo, a todo catastrofismo e a toda tragicidade. Não difere essencialmente daquilo que um psicanalista encontra em seu trabalho, quando nos pacientes a angústia se agudiza, o esvaziamento se impõe e a ação do negativo alcança índices críticos. Uma vez desconstruída no sujeito a noção de si mesmo, tudo pode ser e acontecer. Afastado o sujeito do centro de si mesmo, tudo para ele passa a ser um arranjo de objetos, se não for um vazio existencial insuportável. Mais ainda, ao retirá-lo de comunhão com a vida, sendo esta a realidade, retira-se a própria realidade. A perda de referências (na qual qualquer referência é posta no lugar) implica a bagunça da identidade.

No arranjo de objetos ao acaso pode-se fabricar a realidade? As correntes filosóficas que perpetuam a linhagem sofística perenizam a ideia disruptiva de que a realidade por si mesma não tem substrato, nem referência autônoma. Como vimos, insistem em que tudo o que a ela se refere pode ser pensado de diferentes maneiras e, assim, ela pode ser um produto fabricado pela mente. Ou seja, não haveria realidade propriamente dita, mas somente subjetividades, a partir de que os fatos são criados. Essa ideia é defendida sem restrições por Baudelaire (*apud* Eco, 2004, p. 355): "Todo o universo visível nada mais é do que um viveiro de imagens e símbolos aos quais a imaginação (isto é, a arte) dá um lugar e um valor relativo: é uma espécie de pasto que a imaginação deve digerir e transformar". Desconstruir o que está feito e substituí-lo por outras construções é trabalho de sofistas. Nesse vaivém, o mundo com suas maravilhas é reduzido e rebaixado à dimensão das limitações da mente. No ataque perpetrado contra a imperfeição do mundo, a harmonia existente sofre um processo de invalidação. Uma vez desconstruído o encantamento do mundo, a lógica sofística concentra-se no pior. Diz Pastore (2015, p. 180) que, nesse caso, "o pensamento passa a ter por propósito desfazer, dissolver, desconstruir, enfim, privar o homem de tudo aquilo de que ele havia se munido intelectualmente, a título de provisão e de remédio em caso de desgraça". Grande parte da filosofia moderna, ao desconstruir a natureza do mundo, retirando-lhe a sua harmonia e o seu esplendor, forjou o desencantamento do mundo pelo próprio fato de negar a independência deste relativamente ao observador humano.

Em consequência, o mundo tornou-se um lugar aberto a toda espécie de construção arbitrária, que inclui todo artifício e toda manipulação. O homem moderno faz entrar em cena a força persuasiva dos meios de comunicação, a fim de criar narrativas ao bel-prazer dos formadores de opinião e dos interesses particulares indiferentes a qualquer verdade e a qualquer realidade. A alta tecnologia presta-se à criação de "realidades" por meio das imagens: um universo fabricado como simulacro e como espetáculo, que Baudrillard (*apud* LOTRINGER, 2017) denominou hiper-realidade. Corre-se o risco do aprisionamento mental nas estruturas de uma engrenagem colossal e assustadora, eliminando-se a criação natural e condicionando-se o espírito em benefício de poderes e interesses desumanos. Tudo isso pode ser cinicamente creditado à normalidade das coisas, dado que as referências básicas são extintas.

Mutatis mutandis, a humanidade sempre teve que se defrontar com esse tipo de problemática ao longo de sua história. O niilismo, o pessimismo e a tragicidade sempre frequentaram a mente humana, com repercussões psicológicas, filosóficas, sociais, educacionais e outras. Em cada época e lugar, as respostas foram dadas em conformidade com o estado de espírito reinante e com as possibilidades do alcance de medidas tomadas em prol da vida e do viver. Se é preciso encontrar respostas à negatividade, justamente para o seu enfrentamento, interessam-nos aqui as respostas mais importantes e promissoras que foram dadas no decorrer do tempo, algumas das quais foram referidas nos capítulos precedentes. A seguir, apresentamos alguns exemplos significativos de tentativas de superação. Nelas, se o assunto não é solucionado, é ao menos encarado e contornado. Subjaz a hipótese aristotélica de que a reflexão filosófica tem por escopo contribuir para mudanças benéficas do comportamento humano.

Na antiguidade clássica, o epicurismo, como doutrina de encaração do pessimismo, surgiu da própria situação trágica e catastrófica em que Epicuro situou a condição humana. Vale a pena relembrar que muito do que sabemos hoje sobre Epicuro se deve à poesia de Lucrécio: o turbilhão dos átomos no vazio sem forma, a estrutura acidental e fria que toma forma num Universo mecânico, a natureza indiferente à vida e o pano de fundo de acaso e de nada que constitui a existência do mundo. Em vista disso, Epicuro propôs uma filosofia de vida que consiste em ensinar a viver de modo relativamente incólume num mundo absurdo. Ou seja, um eudemonismo em face da desgraça. Aproximadamente, viver pisando em ovos, a fim de evitar desgastes, sofrimentos e perturbações. Para Epicuro, o principal propósito da vida é a obtenção do prazer, mas este não deve ir além do que seja natural, devendo estar em conformidade com a natureza humana. Sua moral do prazer corresponde a uma vida absolutamente regrada, a um prazer sóbrio, moderado e tranquilo. Na *Carta a Meneceu* (EPICURO, 2002), ele preconizou prudência, honestidade, justiça e ausência de sofrimento. O prazer coaduna-se com a ausência de dor e, para isso, sua receita é a *ataraxia*, a tranquilidade de espírito, que faz evitar todo excesso. Trata-se de uma filosofia negativa, feita de abstinência e de inacessibilidade a todo sentir passional, a toda perturbação emocional, por meio do domínio consciente de si mesmo. Para assegurar a sua calma, o sábio não se envolve, não se exaspera e não se emociona, evitando o que perturba o corpo e o espírito. Impassibilidade e vigilância racionais nas escolhas fazem adquirir paz de espírito, a fim de se livrar do sofrimento. Nisso se incluem as angústias diante da morte e os temores de todo tipo, especialmente em relação aos deuses. Quanto a estes, não se preocupam de modo algum com os mortais e não haveria porquê temê-los. A morte nada significa, nela nada existe de fato e a imortalidade é uma ficção. Por isso, é possível curar o indivíduo das crenças, crendices e convicções que trazem ameaças e inspiram pavores.

Os preceitos epicuristas recomendam "habituar-se às coisas simples" (EPICURO, 2002, p. 41), de modo a passar agradavelmente o pouco tempo que dura uma vida. Isso significa não só impedir as preocupações com as coisas desagradáveis, mas também com aquelas que não dizem respeito à vida prática ou exigem esforços inúteis. Melhor seria levar uma existência recolhida e alheia às agitações dos empreendimentos, da fama, do poder e da riqueza. Um despojamento que dispensa tudo o que é complicado e difícil de se obter. Além disso, o sábio epicurista centraliza-se no cultivo das amizades, valorizando a gentileza. Dessa forma, ele alcança a *autarkeia*, a autonomia individual, em que cada um se distingue por autodomínio. Trata-se de uma terapêutica de libertação do pessimismo, pelo autorregramento da vida pessoal em vista de contenção do aceleramento, do açodamento e do afã de viver. O epicurismo acabou por se tornar uma seita dogmática, tomando Epicuro por uma espécie de divindade.

Outra escola filosófica que se propôs a encarar o niilismo e o pessimismo foi o estoicismo, fundada na Grécia por Zenão de Cítium (c. 335-c. 264 a.C.), sendo contemporânea do epicurismo em suas origens e em seu desenvolvimento. As duas escolas conviveram por séculos lado a lado. O estoicismo teve florescimento na antiguidade clássica, perdurando até o advento do cristianismo, e sofreu modificações conceituais importantes ao longo do tempo. Manteve suas características ligadas à dimensão moral, focalizadas na atitude individual perante a vida e o viver. Basicamente, o estoicismo opõe-se ao epicurismo ao preceituar que, para se lidar com a realidade problemática e difícil, vale mais o esforço, a tensão, a habilidade e a coragem do que a passividade e o escapismo. Para isso, o sábio estoico deve se equilibrar, como se andasse em corda sobre os abismos. Ele deve encarar a realidade, especialmente a realidade humana, com senso de proporções, serenidade, disciplina, diligência e energia, buscando alcançar os melhores resultados. Essa escola parte do princípio de que a realidade é penível, mas o ser humano pode exercer ação sobre ela. A ação, porém, deverá estar em acordo com o que o Destino, a Razão Divina, a Natureza, a Vontade, a Providência ou o Determinismo Cósmico (são termos sinônimos) esperam dos seres humanos.

O Universo é um imenso organismo, com leis gerais e imutáveis, sendo regido pela Necessidade inexorável. Seu curso se repete rigidamente segundo uma ordem fixada, sob a qual os seres nascem, perecem e renascem de modo inevitável e fatal. Aos seres humanos cabe seguir a Natureza, *Natura sequi*, a ela submetendo-se, mesmo que ela proceda injustamente. Um postulado estoico afirma que a vida é boa, se cada um aceita sua condição e se harmoniza com ela, seguindo-lhe os passos. Aderir à ordem universal tem por fundamento a compreensão da real natureza do mundo, vivendo heroica e resignadamente a condição humana, segundo a Vontade que a produz. A liberdade do sábio estoico consiste na sua compreensão da Vontade Divina e na sua aceitação da Realidade Universal. Isso significa que ele aceita o que não pode mudar, com a consciência de se ocupar somente do que está ao seu alcance e que pode ser mudado. O que independe de sua vontade é considerado irrelevante e fortuito, por isso o sábio é indiferente às desgraças, aos desalentos e aos sofrimentos. Procura se alegrar, mesmo em face da doença e da morte, retirando o pensamento de emoções inquietantes. Ele se emancipa dos desejos, das paixões e das perturbações por uma atitude pessoal de resistência e, assim, suporta valentemente os reveses da vida. Considera o sentir passional como antagônico à ordem estabelecida pela Natureza. Seu lema mais bem conhecido é: "abstém-te e suporta!", imposto por uma lógica rigorosa e por uma atitude regulada para o cumprimento dos deveres e obrigações. Seus preceitos graves e austeros recomendam o domínio reflexivo sobre os impulsos, a fim de se autogovernar. A menor falta é considerada tão deletéria quanto o maior crime, porque contraria a Natureza. Desse modo, o sábio conduz sua ascese individual, fazendo com que cada ação dirigida pela vontade se coadune com um conjunto equilibrado. A isso ele chama de virtude, considerada o bem supremo. O sábio pratica a virtude pela virtude, sem considerar outras implicações, a não ser a obtenção da *ataraxia*. Uma tranquilidade na qual a mente permanece livre, praticando a indiferença ao lidar com os sofrimentos e as misérias da vida.[1] Se bem-sucedido, o sábio estoico torna-se cidadão do mundo, ligando-se a seus semelhantes pelo amor universal. Faguet (s.d, p. 38) disse que "o epicurismo é um estoicismo sorridente, e o estoicismo um epicurismo de má cara". Tanto um quanto outro combinam-se na busca moderada da *eudaimonia*, o bem-viver, mas ambos se inclinam aos dogmatismos das filosofias que se erigem em seitas.

Como se apresentam essas questões na cultura oriental? Ali, como em toda parte, é difícil encontrar respostas ao niilismo, ao pessimismo e à tragicidade que não incluam crenças religiosas.

1 Autores como Gazolla (1999) consideram que a noção de *ataraxia* deve ser reavaliada relativamente aos estoicos, porque não diz respeito à natureza humana deixar de vivenciar as paixões, uma vez que elas fazem parte do logos cósmico.

Contudo, as indagações e reflexões epicuristas e estoicas, por serem universais, são colocadas de modo a ter uma formulação *sui generis*, tanto no taoismo quanto no budismo. As respostas que foram dadas são complexas, envolvendo aspectos psicológicos, filosóficos e religiosos. Além disso, diversificam-se em conformidade com o desenvolvimento do pensamento e das convicções ao longo do tempo.

Focalizaremos mais adiante a posição do budismo. Em relação ao taoismo, procuraremos fazer um breve resumo das concepções de Chuang-tsé (c. 370-c. 300 a.C.),[2] expressas nos sete primeiros capítulos da obra que leva seu nome, os quais, segundo estudiosos, são de sua própria lavra, mas não os demais. O texto de Chuang-tsé é fundante do taoismo e faz eco, sob certos aspectos, com outro texto, igualmente fundante, denominado *Tao te king*,[3] atribuído a Lao-tsé (c. 570-c. 490 a.C.).[4] Se o taoismo corresponde a diferentes origens e tradições, esses textos são referências filosóficas centrais.

Para Lao-tsé e para Chuang-tsé, considerados os pais do taoismo, Tao é o princípio universal único, que responde pela natureza e pelo curso natural das coisas, bem como pelo começo e pelo fim de todos os seres. Ele é em si mesmo imperceptível, inefável, indefinível, inalterável, onipresente e infinito. Sendo a totalidade da realidade, Tao é a verdade última inominada, absoluta e sem forma, existente antes do tempo e do espaço. Nessa unidade desaparecem os contrários, como a verdade e a mentira, que dizem respeito à subjetividade e ao ponto de vista humano. Ou seja, na unidade primordial não existem distinções, partições, oposições e conflitos, e sim a harmonia do todo, expressa na frase "tudo é um". Tao é o princípio criador que forja as coisas criadas pelo movimento inexaurível e pela renovação incessante, agindo imparcial e espontaneamente. Tendo-o por

2 Também grafado como Zhuang-zi.

3 Também grafado como *Dao de jing*.

4 Também grafado como Lao-zi.

referência, as coisas são conectadas entre si numa ordem intrínseca, que lhes é comunicada pelo "sopro" (qi), o impulso do Universo, existente em espontaneidade e harmonia. Para Chuang-tsé (1969), a vida concentra-se essencialmente no "sopro" e se distingue de toda aparência superficial.

No taoismo, Tao é considerado a raíz da existência humana e constitui-se em modelo para quaisquer atitudes e ações bem reguladas. Para o sábio taoista, ele é a noção fundamental que inspira o caminho, o método e a norma de conduta. Assim como o Tao, o sábio é imparcial e desprendido, sua atitude é livre e disponível, de modo a entrar em ressonância com os ritmos da natureza e segui-los natural e espontaneamente. Seu espírito independente plana em tranquilidade e calma, estando concentrado e impassível. É um repouso íntimo de recolhimento e de abandono ao fluxo das coisas, deixando-se ir flexivelmente ao sabor dos acontecimentos, pela aceitação dos fatos como são. Assim, o sábio taoista torna-se senhor de si mesmo, afastando-se de vulgaridades e alcançando a imperturbalidade. Esse tipo de sobriedade faz com que esteja serenamente alegre, atento à sua interioridade e à compreensão que ultrapassa o mero exercício da inteligência. Ele se torna espelho da harmonia natural, porque seu espírito se esvazia de toda atração, de toda repulsão e de toda impregnação egocêntrica, deixando os seres evoluírem de acordo com seus destinos e movimentos transformantes. No esquecimento de si próprio como núcleo egocêntrico, ele reflete o que existe sem se deixar prender. Paradoxalmente, o sábio torna-se agente de si, ao não impor o seu eu. Porque ele segue o curso das coisas, sua ação se concentra naquilo que é natural. Cheng (2008, p. 140) considerou que se trata não do movimento inconsciente, mas do "esquecimento da consciência", que sabe fazer o que é preciso, e que não é transmissível por palavras. Isso é considerado *wu wei*, o não agir que segue a espontaneidade da natureza. Implica certo grau de indiferença aos assuntos humanos, como a aprovação e a desaprovação, as atividades em excesso, os desejos perturbadores, o sucesso, o poder, a paixão e o ódio. Por deter a compreensão global, os detalhes das circunstâncias desaparecem, tornando-se o sábio uma espécie de inutilidade perante os demais.

Se o sábio taoísta segue o princípio universal, em harmonia com este tudo se harmoniza em sua vida. A melhor ação é aquela que se coloca sob o manto da visão unificada da realidade. Consiste na abertura da mente à unidade cósmica por meio do "sopro", em que desaparece a luta dos opostos. Disse Robinet (2012, p. 41) que o sábio se entrega à atitude de concentração e de fechamento ao mundo exterior: "o fechamento ao mundo dos sentidos é um fechamento ao mundo estreito do indivíduo delimitado por suas percepções sensoriais e por seus próprios pensamentos, sendo uma abertura à unidade cósmica por meio do sopro cósmico". Nessas condições, as dores e aflições para ele não são mais do que estados que lhe são dados pela realidade universal, aos quais ele deve se resignar, por ser o seu destino. Se ele as deixa penetrar em sua mente, por serem fatos universais, não será perturbado por elas. Na verdade, ele não se afeta com a importância das coisas particulares, nem lhes dá um valor absoluto, porque as trata como se fossem sonhos. O que realmente sabemos sobre elas? O que elas significam em face do infinito? Os sonhos de um sonhador acordado podem a tudo relativizar. Abstraindo-se do tempo e do espaço, segundo Chuang-tsé (1969, p. 43), "a vida e a morte são indiferentes". Isso significa "esquecimento" de ambas, em proveito da relação com a vida em moldes abrangentes, nos quais se inclui abandonar-se à transformação dos seres.

Vivendo, porém, neste mundo, o sábio taoista adapta-se aos seres e às condições vigentes. Isso diz respeito ao acolhimento, que se acomoda docilmente aos processos e ritmos das coisas, sem se impor à revelia deles. Desse modo, o sábio não se apega demasiadamente a suas convicções e encontra aquilo que existe. O acolhimento consiste em escutar o "sopro". Chuang-tsé (1969, p. 52) afirmou que "o sopro, sendo o vazio, pode se conformar aos objetos exteriores". O Universo está presente como sopro na interioridade humana, desde que se ouça o vazio. Aqui se coloca o não envolvimento da inação, que não é ausência de atividade, e sim ação natural e espontânea. Pela inação, há a quietude, na qual se apresentam as coisas em seu estado natural. Esse é o caminho da harmonia com as coisas e do sábio consigo próprio, que afasta o pessimismo e a tragicidade, em razão de haver contatos plenos.

Tudo estaria perfeitamente ajustado e compreensível, se o taoismo se limitasse às concepções filosóficas e psicológicas. Contudo, tendo se transformado em religião, seguiu as vias do misticismo e do dogmatismo. Lao-tsé foi elevado à categoria de deus, com seus templos, ritos, cerimônias de expiações e exorcismos. Um desfecho que parece estar implícito nos textos dos pais do taoismo, mas a uma análise mais rigorosa seria algo totalmente dispensável. Os textos sustentam-se como pensamentos filosóficos e psicológicos, se deles se excluir as interpretações esotéricas, as superstições e as crendices como, por exemplo, as práticas místicas e a busca de longevidade.

Quanto ao budismo, seremos mais concisos, pois se trata de doutrina bastante conhecida e divulgada. Buda (c. 556-c. 480 a.C.), cujo verdadeiro nome era Sidarta, pertencia à família Sákia, da Índia. Parece que não pretendia fundar uma religião, mas acabou sendo um dos maiores mestres espirituais da humanidade. Seu ponto de partida é o que em sânscrito se denomina *dukkha*, o sofrimento ou a infelicidade. A natureza por inteiro, incluindo-se a natureza humana, está saturada de sofrimento. Um sofrimento que poderia conduzir à tragicidade e ao pessimismo, mas o budismo, ao contrário, preconiza a superação. A libertação do sofrimento é *ipso facto* a libertação da prisão no pessimismo e da impregnação na tragédia de viver. A solução consiste em ações interiores, que irão determinar se continuaremos ou não a sofrer. O caminho da condução da mente foi apontado por Buda, partindo do princípio de que o sofrimento consiste numa cegueira para com a verdadeira natureza da realidade. Um véu encobridor tolda a percepção e a compreensão, de tal modo que estamos envolvidos interiormente por densas camadas de substâncias e processos corrosivos. Quanto mais isso acontece, menos podemos ser felizes. Há em cada um de nós um fator central, o ego, que responde pelo acúmulo de infelicidade. Nele estão contidos os desejos nunca satisfeitos, as memórias aprisionantes, os medos infindáveis, as preocupações absorventes, os ódios destruidores, as paixões violentas, as ignorâncias crassas, as angústias intermináveis e o infinito rosário de atribulações e perturbações do ser humano. A libertação segue o caminho da superação do papel decisivo que o ego desempenha. O afastamento desse impostor conduz à dissipação dos véus de ilusão, dado que o ego é forjador e alimentador de um mundo de aparências, enganos e irrealidades. Para Ricard (*in* ANDRÉ *et al*, 2016, p. 327), "a verdadeira liberdade consiste em dominar a mente, em vez de deixá-la derivar no fluxo dos pensamentos; ser livre é libertar-se da ditadura do ego e das tendências habituais, moldadas por nossos condicionamentos". O budismo preconiza atenção a nossos pensamentos e emoções, mas também o emprego de técnicas de meditação, a fim de se alterar o padrão das emoções negativas, de maneira que o ego se dissolva, restando um estado de tranquilidade interior, que corresponde, também, à simplicidade. Assim, conquista-se serenidade diante das vicissitudes. Ricard (2016, p. 171), que é monge budista, concluiu que "a verdadeira natureza da mente é comparável ao céu, que não é afetado pela poeira que nele jogamos". Nesse contexto, é possível compreender as razões pelas quais o budismo recomenda a renúncia, seguida de compaixão para com todos os seres. Não se trata de afastamento dos princípios de vida; pelo contrário, trata-se antes de se colocar a serviço da vida, depurando-a. Disse Midal (2017, p. 40) que o budismo "não quer matar o elã da vida". Ele diz respeito à capacidade de sintonizar as coisas por elas mesmas, sem ilusões. Talvez, assim, a realidade venha se apresentar em sua magnitude, tal como Huxley (1974, p. 8) apontou em um texto de Suzuki: "Que é o *dharma*[5] corpóreo de Buda? A sebe ao fundo do jardim!", referindo-se à visão esplendorosa dos arbustos que serviam de cerca viva. Uma transcendência da imanência, ao dispor da mente livre do ego.

Poderíamos proliferar exemplos ao infinito de tentativas bem ou malsucedidas de lidar com o lado obscuro, desfavorável e cruel da vida. As formas de superação têm um papel crucial em face do niilismo, do pessimismo e do desalento. Para a finalização deste capítulo (já que a ideia geral foi delineada), apresentamos a filosofia psicológica de Jiddu Krishnamurti (1895-1986), que constitui um empenho mais atual de situar e compreender o ser humano em face do Universo enigmático e misterioso em que ele vive. Krishnamurti nasceu em Madanapalla, perto de Madrasta, na Índia. Ele viajou muito e fez inúmeras palestras e conferências. Sua proposta está em tomar o ser humano desde a interioridade, a fim de que se possa realizar sua transformação e, assim, a da sociedade. O ponto nodal de sua filosofia reside na auto-observação e no autoconhecimento, em especial daquilo que ele chama de *centro*. Este corresponde ao ego da formulação tradicional, mas Krishnamurti o equipara ao próprio pensamento. O pensamento forma o centro, que determina todo tipo de apreensão, relacionamento e compreensão. O pensador, que é também o observador e o experimentador, cria um fundo condicionado, a partir do qual se dá a organização mental, mas também a formação de imagens, convicções e formulações a respeito da realidade externa. Assim, o observador cria a realidade observada, em vez de se relacionar realisticamente com ela. O centro é, portanto, repleto de imagens, desejos, memórias, medos, compulsões, repulsões, culpas e ansiedades, mas igualmente de ideias, símbolos,

5 No budismo, *dharma* ou *darma* é a lei ou a verdade definidora da realidade espiritual do mundo.

padrões mentais e formas de funcionamentos condicionados, inclusive pelo acúmulo de preconceitos e ódios ancestrais. O centro cria o tempo psicológico, no qual a mente se enreda e se escraviza. Dessa maneira, o pensamento julga, condena, avalia e embaraça-se em crenças, ideologias e convicções, que podem levar a disputas, guerras, genocídios e destruições inimagináveis, como a história humana não cansa de demonstrar. A questão do sofrimento está ligada à existência desse centro, porque nele a vida humana poderá tornar-se desprovida de sentido, estando marcada por absurdos e desesperanças.

A solução encontrada por Krishnamurti relaciona-se à autopercepção e ao autoconhecimento, que consistem, basicamente, na compreensão da estrutura e das atividades do centro, com sua dinâmica, seus processos e seus conflitos. Essa compreensão não se realiza pelo pensamento, que se enreda em si mesmo, nem por esforços ou buscas de quaisquer naturezas. Deve existir liberdade para investigar, correspondendo a um estado em que a mente esteja tranquila. Trata-se de observar os próprios pensamentos e sentimentos com a consciência do que acontece, ou seja, com a atenção ao que se passa. Isso quer dizer que a observação é feita com independência relativamente ao observador. Não havendo essa interferência, a observação deixa de estar contaminada, restando somente o fato, tal como existe. Krishnamurti (1973, p. 119) afirmou: "quando não há pensador e só há pensamento, há então um estado de percebimento sem pensamento; o pensamento desaparece". Pode parecer contraditório, mas ele quer representar um estado em que o observador e o observado se unificam numa unidade, em que desaparece o observador. Cessam as atividades do centro intermediário que, por suas acumulações e ocupações, alteram e desfiguram o conhecimento da realidade. O campo da consciência permanece pleno de atenção, isento de conflitos e de outras perturbações, porque não está ocupado em avaliar, julgar, tomar partido, separar o que interessa, ama, odeia, etc. Uma vez percebida a ação do centro, fica-se imune à sua influência, surgindo a experiência nova. Isso corresponde à quebra de condicionamentos, sem criar novas formas de condicionamentos. A mente saturada é ultrapassada pela autopercepção do que a satura e, estando livre, pode estar em calma e sentir-se feliz. O próprio ato de perceber os processos do pensamento conduz ao silêncio deste. Configura-se uma nova relação entre o ser humano e o mundo, envolvendo a consciência entregue à compreensão da totalidade da vida pelo que ela é. A realidade, que se impõe por si mesma, é libertadora, na medida da existência de uma mente livre e em contato com o que lhe traz significações. Cada momento pode se transformar em quietude da mente, nas relações com o desconhecido e com o novo que se apresenta.

Nessas condições, há o que Krishnamurti chama de estado de ser, em que cessam o borbulhar, o tagarelar e a agitação da mente. Esta compreende a inutilidade de todo rebuliço. Livre da repetição do conhecido, ela empreende uma jornada independente do tempo psicológico, de modo que pode observar, por exemplo, uma casa, uma planta, uma criatura humana ou um animal sem qualquer direcionamento ou controle prévio, resultando na experiência direta com eles, cuja pureza é inigualável e indescritível. A mente vazia de palavras e de pensamentos relaciona-se intensamente, compondo-se o interior com o exterior, numa experiência totalizadora que absorve o ser por inteiro. Cada coisa com que se está em contato faz parte do todo e concentra a energia do todo. Krishnamurti afirma que cada ser humano pode se desenvolver por si mesmo, com base nas próprias experiências, prescindindo de métodos, fórmulas, sistemas, crenças e ideologias. Ele exclui decisivamente a interferência de gurus, orientadores e mestres espirituais, porque a experiência direta é pessoal e intransferível. Desse modo, oferece indicações para se pensar a experiência humana em sua relação com o sofrimento, mas também com a significação da vida e do viver.

Ele faz um convite à participação na profundidade imensurável da vida e à sensibilização ao desconhecido. Vemos, pois, as soluções que ele apresenta às alternativas da tragédia, do pessimismo e do niilismo. A filosofia de Krishnamurti, o epicurismo, o estoicismo, o taoismo e o budismo são praticamente formas de se lidar com a mente. Quais seriam as respostas que a psicanálise tem a oferecer?

Segunda parte
Uma proposta psicanalítica

5. Um modelo da mente

Não há razão para se considerar desprovidas de fundamentos as críticas de Epicuro, Lucrécio, Montaigne, Pascal, Schopenhauer e muitos outros. O que se deve perguntar é se há saída para a "lógica do pior", tomada na acepção de Rosset (1989a). O que a psicanálise teria a oferecer? Se ela se erige numa disciplina destinada à abordagem dos problemas que implicam o sofrimento e suas consequências, não basta denunciar a lógica do infortúnio, mas encontrar meios de minorá-lo, lidando-se com ele. Para tanto, o psicanalista encontra-se numa posição privilegiada, em função de seu campo de observação e dos modelos que pode criar. Isso passa primeiramente pela compreensão do que ocorre na mente: sua estrutura, seu funcionamento, seus principais fatores e elementos. Lidar com a mente torna-se uma tarefa imprescindível. Para o psicanalista, nada de evasão, de submetimento ou de impotência, e sim o enfrentamento dos conflitos, dos obstáculos e das vicissitudes. Para isso, é necessária a construção de modelos da mente, com os quais o psicanalista se sinta confortável, combinando-os seguidamente com os achados clínicos. Ao construir modelos, ele põe em evidência princípios, fatores e elementos que auxiliam o ser humano a livrar-se de sofrimentos inúteis, numa tentativa de contribuir para a superação da infelicidade.

O modelo aqui apresentado tem por suporte a premissa de que o *self* é uma instância psíquica diferente do *ser interior*, sendo estreitas as relações entre ambos. Para a análise da mente, desempenham funções importantes os fatores denominados contato e distanciamento de contato com o *ser interior*, que repercutem sobre o *self*, assim como a constelação do inimigo interno, que é um subproduto da pulsão de morte, além da fragilidade do *self* e sua implicação direta, a angústia de dissipação do *self*. Ainda, como fatores relevantes do modelo, temos a sensorialidade, a estruturação inconsciente e a expansão de consciência, que veremos em detalhes. As principais vantagens desse modelo estão na colocação em evidência dos aspectos em que a mente se enreda, se embaraça e se confunde, de modo a criar obstáculos, impedimentos e obstruções ao contato com a realidade, ao fluir criativo e à alegria de viver. Grande parte do niilismo e do pessimismo tem origem na insuficiência de conhecimentos sobre o que se passa na mente, em especial sobre as dificuldades de análise dos processos da evolução psíquica. O modelo constitui uma tentativa de criar referências à compreensão psíquica, que não fica à deriva, e sim orientada por certas constantes relativamente bem determinadas. Elas são essenciais para a abordagem tanto das perturbações psíquicas quanto das experiências expansivas. Nosso propósito será atingido caso seja possível demonstrar que a mente não é somente um depósito de elementos desordenados, casuais e imprevisíveis, tendo sabor de absurdo, mas um campo dinâmico com leis e princípios próprios, mesmo que esteja em processo de organização e busca da boa forma.

Na descrição do modelo da mente, qual seria o lugar do *self*? Se se considera o que comumente se pensa a respeito, ele é um campo controvertido, que comporta múltiplas faces, sendo permeável à inconstância, à variabilidade, à impermanência e à polivalência, em que são frequentes as contradições, as incoerências e os paradoxos. Nele, convivem aspectos artificiosos, falaciosos, imprevisíveis e ilusórios, ao lado de outros relativamente estáveis, coesos e permanentes. Quais faces predominam numa escolha identitária? Parece que as possibilidades são infinitas, contribuindo para a visão diversificada que temos de nós próprios e, também, para as dificuldades do encontro de referências básicas e precisas. O *self* pode ser formado discursivamente por construções e interações nas esferas social, educacional, familiar, religiosa e outras, assim como por experiências que questionam sua unidade e sua coesão. Não haveria engano e confusão, ao se tomar o *self* como um conceito nuclear da vida psíquica? Não estariam justificados aqueles que acreditam inexistir bases firmes para a definição identitária? E, também, aqueles que sustentam a impossibilidade de se levar a sério a coerência interna e a noção de realidade interna baseadas em parâmetros norteadores?

Seria bastante razoável pensar desse modo, caso não existisse uma instância independente: o *ser interior*. Ao contrário do *self*, ele é constituído por características de unidade, inteireza, coesão, singularidade, permanência, constância, indivisibilidade e harmonia interna. Na verdade, o *ser interior* é um eixo central fundante do psiquismo, que se traduz por uma correnteza de vida e manifesta o que a pessoa genuinamente é. Como matriz de existência, ele define a condição fundamental de existência da pessoa. Sendo uma realidade primária, constitui-se em entidade autônoma, distinguindo-se de outras instâncias e partes da mente. Ele se impõe sobre a vida psíquica na qualidade de *ser constitutivo da pessoa*, definindo a existência desta, desde os primórdios de sua vida, como um foco que perdura enquanto perdurar essa vida. Assim, responde pela experiência de ter um ser, isto é, pela experiência de existência própria, na qual ele se apresenta, basicamente, como sempre o mesmo. Desse modo, configura-se a identidade primária e o núcleo da existência pessoal como um centro estável e estabilizador da vida psíquica. Nessas condições, fundamenta a verdade interior relativa ao ser, dando o sentido de continuidade da existência, assim como as noções de si, a consciência de si e a experiência de inteireza. Sendo raiz primordial e prototípica, o *ser interior* responsabiliza-se pela organização e pela estruturação do psiquismo em vários níveis, atuando como organizador central do equilíbrio somatopsíquico. Sua ação principal se realiza como *expressão do fenômeno vivo na interioridade*. Por ser um núcleo elementar, torna-se centro de manifestação da energia vital e do princípio universal de vida que se apresentam no ser humano. Daqui se origina a mobilidade psíquica, as disposições fluidas, a liberdade e a espontaneidade, que dão significações aos relacionamentos com o mundo externo e interno.

Em contrapartida, qual é a natureza do *self*? De modo geral, este se diferencia do *ser interior* pelo fato de se constituir em uma instância que se apresenta sob as formas de suporte, depositação, processamento e instalação de conteúdos psíquicos, operando num continente globalizante, cujos elementos, fatores, precipitados e produtos são variáveis, móveis e transformantes. Em sua dinâmica, movimentam-se processos inconscientes e conscientes de todo tipo. Sendo uma instância complexa e multifacetada, torna-se um campo de ocorrência, de abrigo e de decantação de componentes diversificados. Em sua variabilidade, comporta diferentes partes, incontáveis elementos e infinitas possibilidades de composições. Entre seus constituintes estão os fatores herdados e adquiridos, os processamentos das experiências de *self-objetos* primitivos, as identificações, as incorporações e as dinâmicas dos ingredientes educacionais, culturais, sociais, religiosos, familiares e outros. Sua configuração móvel e plástica estabelece um campo de forças, em que se dão processos dinâmicos, formados por estruturas que se desenvolvem e por segmentos e componentes que podem se instalar, se associar, se separar, se transformar e se sintetizar. Nesse reservatório de representações múltiplas, forma-se um campo para experiências e vivências emocionais. A movimentação dos diferentes processos e situações responde pela visão diversificada que temos de nós próprios.

Em sua maleabilidade e permeabilidade, o *self* é um órgão de comunicação e interação, que movimenta sistemas de relações com o organismo, com o mundo interno e com o mundo externo. Sua estrutura se desenvolve e se dinamiza na própria comunicação, cujas operações dão forma a seu continente e expressão a seus conteúdos. Ele recebe cargas, emanações, depositações, influências e direcionamentos de todas as partes da mente, especialmente dos objetos internos, do corpo e do mundo externo, mas também constitui um substrato gerado pelo processamento da maquinaria psíquica em todos os níveis. Ele se relaciona com as atividades de componentes variados, principalmente no que se diz respeito à libido e à energia do sistema nervoso central. Desse modo, ele tem a propriedade de se conectar em maior ou menor grau com o *ser interior*, cuja presença, influência e ação determinam diferentes modalidades de funcionamentos psíquicos.

Assim, o *self* torna-se uma *disposição em aberto para ocorrências*. Ele é menos um lugar previamente determinado do que um palco para os jogos de forças, os embates e as emergências; ou seja, ele é um campo para a incidência de processos dialéticos, em que se manifestam elementos díspares, incoerentes e paradoxais. Pode-se dizer que, nele, a lei que prevalece é a do conflito. As forças presentes exercem pressões, movimentam situações, competem entre si e disputam a predominância e a supremacia. Sendo um contexto saturado de turbulências, o *self* constitui-se no interior dos choques e contradições pelos fatores e elementos provenientes de tudo aquilo com que ele se relaciona. Nesse sentido, ele é uma *instância intermediária*, que recebe, processa, "digere" e sintetiza a ação das várias tendências. Ele é, também, um *processador central*, sendo que suas feições estão na dependência do que nele se configurar a cada momento e do substrato que vier a se consolidar (uma consolidação que, todavia, está sempre sujeita a revisão). É possível afirmar, portanto, que o *self* pode se instituir como área de organização bem ou malsucedida, na dependência do que nele predominar ou vingar. Tanto ele pode ser um reservatório de destrutividade, quanto uma área de construtividade e dirigir a evolução humana. Dependendo da ação exercida, poderá haver fixidez e rigidez ou, então, fluidez e mobilidade. Quando determinados aspectos se tornam preponderantes, há o aparecimento de configurações e destaques, como *self* esquizoide, *self* grandioso e *self* sensorial, entre outros. Isso significa que existe a tendência de certos componentes se instalarem, proporcionando estabilização. Mas, a curto ou a longo prazo, poderá haver mudanças de prioridade, de posição e de hierarquia. Caso não seja dirigido e influenciado pelo *ser interior*, o que se passa no *self* corresponde a referências inconstantes. Caso a influência daquele seja marcante, o *self* passa a ser um órgão de processamento da organização e da síntese na personalidade.

Então, o que chamamos de *self* é constituído por um substrato de acumulações, memórias, desejos, medos, condicionamentos de várias espécies e, como vimos, infinitos outros aspectos. Ele é essencial à adaptação e à sobrevivência, tanto do indivíduo quanto da espécie. Nele se exercita o potencial genético e se processa um ajustamento constante em relação ao tempo, ao espaço e a outros determinantes psíquicos. Sob a ação do *ser interior*, o *self* torna-se um campo operativo que responde pela consecução da existência individual e um meio pelo qual ela se efetiva.

Nas relações entre o *ser interior* e o *self*, distingue-se um ponto central: o contato com o *ser interior*. Quanto maior for o contato, maior será a presença e a efetividade deste no *self* e, portanto, maior será sua ação sobre a vida psíquica. Inversamente, quanto maior for o distanciamento de contato, maior será a ação no *self* de outros fatores, estranhos ao *ser interior*. Maior ou menor presença do *ser interior* no *self* fazem reconhecer que, se este depende de contato com aquele para seu pleno funcionamento e organização, há uma fonte original de sustentação ancorada na natureza do *ser interior*. Estruturalmente, este não forma o *self*, porque são instâncias distintas, mas desde os primórdios da vida psíquica há algo a ser desenvolvido e, se o desenvolvimento seguir as prescrições e as constantes do contato com o *ser interior*, a vida psíquica tenderá à harmonização; caso contrário, poderá estar à mercê de forças turbulentas, obscuras e caóticas. Logo, o que se passa no *self* está na dependência do estado do contato. O tipo e o grau do contato, sendo variável de pessoa para pessoa, pode se modificar durante a vida da mesma pessoa, mas é o contato que determina as noções do ser de cada um, assim como as condições vigorantes no *self*. As noções de si mesmo correlacionam-se com os graus do contato, que ocorrem nos estados consciente, inconsciente e oclusivo, sendo que a ação do *ser interior* é mais bem conhecida no estado consciente.[1] As sínteses que se processam no *self* somente se realizam em consonância com graus elevados de contato com o *ser interior*; de outra forma, haverá predominância de elementos fragmentários e desconexos. A função principal desse ser é lançar jorros de fertilização da vida psíquica, que se estendem pelo organismo e pelas relações com o mundo externo. As dificuldades de contato, porém, tendem a afetar toda a organização do *self*, bem como a criar comprometimentos e perturbações psíquicas, dado que, sem a ação eficaz do *ser interior*, o *self* é entregue à desarticulação. Este apenas emerge como configuração coerente, estável e bem estabelecida se estiver sob a luz do *ser interior* e, assim, compatibilizar suas atividades com o princípio maior de existência do ser da pessoa.

1 Para um aprofundamento, cf. Trinca (2007, 2011 e 2016). Cf., também, as observações no capítulo 14 deste livro.

A observação clínica demonstra que, no distanciamento de contato, a pessoa pode se desvincular de si mesma, estando em desacordo com sua existência real e verdadeira. Se a interioridade não manifesta o ser, há mistura e confusão com os produtos que vêm se instalar no *self*. Sendo a mente extremamente excitável, é facilmente tomada por emoções turbulentas, em que o eixo psíquico é abalado ou afastado, ficando o *self* sob o domínio de componentes variáveis que se instalam. Desse modo, a pessoa pode conduzir toda uma existência alheia a si própria e afastada de suas referências primeiras. Há a possibilidade de que assuma uma existência neurótica ou psicótica, sem se dar conta de que são tomados como verdadeiros os conteúdos que, em última análise, se revelam enganosos, artificiosos e falsos. Ela tem de si imagens, conceitos e concepções que acredita serem verdadeiros, quando a rigor são determinados por pensamentos, emoções e padrões que saturam o *self*, em decorrência do distanciamento de contato. O que fica no lugar do distanciamento tende a ser confundido com o que a pessoa realmente é. Pode se instalar e se manter um *self* enviesado, desencontrado e equivocado, não sendo, porém, percebido nem vivenciado como tal. Exemplos mais flagrantes são encontrados no falso *self*, na destrutividade antissocial, em formas de drogadição e no narcisismo.

Em suma, existe uma verdade interior: a verdade de a pessoa ser ela própria. Nisso ela pode se basear como um parâmetro fundamental, a partir do qual ela se relaciona com o mundo interno e externo. Essa é uma questão básica, muitas vezes colocada em dúvida ou rejeitada pelos pensadores do acaso, do absurdo e do nada. Entretanto, a realização do contato da pessoa consigo própria demonstra que a verdade interior constitui uma referência fundamental e inabalável, sem a qual tudo gira ao sabor das circunstâncias, dos costumes e do acaso, em um *self* determinado por elementos oscilantes e fragmentários, isto é, desprovidos de sustentação. Sem a presença de contato suficiente com o *ser interior*, o *self* poderá se formar sobre bases instáveis, sendo constituído aos pedaços nas tentativas de dar forma à fragmentação. O que resultar será consequência da desarmonização interiormente instalada.

6. A interação dos fatores

Para a compreensão da dinâmica do modelo, é necessário conhecer como se manifestam e interagem seus diferentes fatores e elementos. Sabemos que desempenham funções fundamentais, além da constelação do inimigo interno, os fatores já referidos como distanciamento de contato com o *ser interior*, fragilidade do *self*, angústia de dissipação do *self*, sensorialidade, estruturação inconsciente e expansão de consciência. Veremos que pela ação desses fatores o *self* tanto pode estar a serviço da pulsão de vida quanto da pulsão de morte, com reflexos decisivos sobre as relações da pessoa consigo própria e com o mundo externo. Se o niilismo e o pessimismo se constituem sob os efeitos do *self* enviesado por impregnações e saturações de componentes antivida, torna-se essencial o conhecimento dos processos envolvidos, a fim de que, na medida do possível, sejam evitadas as armadilhas instaladas no próprio *self*. Não se trata, no momento, de oferecer comprovações clínicas para as práticas psicanalíticas, que foram dadas em trabalhos anteriores, e sim determinar o *modus operandi* dos fatores em interação, a fim de compor uma visão geral dos processos mentais. Isso poderá servir à clarificação, quando tudo pende para o pior, mas também para melhor.

No modelo, como foi visto, partimos do princípio de que o contato em graus crescentes com o *ser interior* conduz à harmonização crescente da vida psíquica, enquanto o distanciamento de contato, que se dá também em graus, conduz à desarmonização. O distanciamento de contato pode se traduzir como fragilidade do *self*, de que decorre a angústia de dissipação do *self* ou, então, como instalação e manutenção da sensorialidade no *self*. Toda a dinâmica da fragilidade e da sensorialidade representa o distanciamento de contato, dando-lhe expressão no *self*. Esses fatores, comprovados pela experiência clínica, vêm oferecer uma dinâmica relativamente simplificada e norteadora das atividades do *self* e auxiliam a compreender suas macroformações, suas múltiplas tendências, seus desenvolvimentos e expansões, seus processos normais e patológicos, entre outros aspectos.

Ao se perguntar, porém, o que ocasiona o distanciamento de contato, a resposta mais imediata sublinha a constelação do inimigo interno que, como dissemos, é um subproduto da pulsão de morte. Cada vez melhor se reconhece a função central desse fator para determinar atividades destrutivas. A constelação visa atacar e eliminar a harmonia interior, pela supressão de toda forma de vinculação. Por meio de ataques, desarticulações e rupturas, ela consegue atingir tudo o que é vivo e criativo na mente, em especial pelo fomento de uma imagem interna negativa, que pode chegar aos extremos. Os relacionamentos com a natureza, a vida e o Universo são colocados em questão, por insuflamento de convicções de que tudo é obra do erro, do acaso e do absurdo, sendo inúteis quaisquer esforços pelo desenvolvimento e pela manutenção da existência. Quanto ao contato com o *ser interior*, por ser este o centro vital da individualidade, os ataques, quanto bem sucedidos, conseguem afastar, em graus, a influência, a presença e a ação desse ser no *self*. Eles ocasionam destruições variadas, que vão desde dúvidas quanto à própria identidade, autodepreciações e autoinvalidações, até estados de anestesia, colapso e aniquilamento. Toda a relação com a realidade sofre os efeitos dessa atividade mortífera. Por vezes, há tal efetividade nos ataques que a pessoa chega ao ponto de confundir, no *self*, os produtos dos ataques com a real natureza do ser que ela é. Além da constelação, outros fatores são, também, responsáveis pelo distanciamento do contato, como, por exemplo, as situações difíceis vividas no mundo externo, as dificuldades de desenvolvimento e de interiorização e a falta de clareza quanto ao que seja importante para a pessoa. A prática clínica demonstra o predomínio da pulsão de morte, quando se trata de rejeitar, expulsar e eliminar os vínculos *lato sensu*.

Não ocorrendo a retomada do contato, as consequências do distanciamento se fazem sentir por fragilidade do *self*. Ou então, se a fragilidade não se instalar, o *self* tende a se saturar de sensorialidade. Tanto uma quanto outra ocorrem em graus, correspondentes aos graus do distanciamento. A fragilidade pode se apresentar sob duas diferentes espécies: nos graus mais baixos de comprometimento, ela aparece como enfraquecimento; nos graus mais elevados, como esvaziamento do *self*. Trata-se, aqui, de um esvaziamento que não se confunde com o vazio taoista, e sim de um estado de debilitação, afastamento ou rompimento de contato da pessoa com seu próprio ser, que implica distúrbios psíquicos, inicialmente relacionados à esfera da personalidade fóbica (TRINCA, 1997, 2006), tendo por paradigma as fobias e o pânico. A perda da experiência fundamental de ser conduz à angústia da passagem à inexistência, em que tudo o que é vivo nas relações da pessoa consigo própria e com a realidade externa entra na órbita dos processos de eliminação e de extinção. Em graus elevados, não há transformações em elementos vivos, ficando os relacionamentos submetidos a um vazio mortífero, em que se perdem as referências reais. A experiência de passagem à inexistência pode se tornar uma vivência de buraco negro, em que tudo se torna instável e inconsistente, porque está em vias de ser consumido pela voragem dos conteúdos e do continente do *self*. Nesse ponto, caracteriza-se claramente a angústia de dissipação do *self*, que está presente desde os graus menos graves do enfraquecimento. Diferentes níveis de solidão, desamparo, desolação, desfocalização, alheamento, engolfamento e vazio são correlativos aos graus de fragilidade do *self*. Os pacientes costumam referir-se ao estado de impotência e terror em que se encontram face ao sentimento de inexistência. A força atuante contra o *ser interior* chega ao convencimento de que não há o que fazer, instaurando a crença no inelutável da situação e, assim, os pacientes abandonam-se ao pessimismo, à paralisação e à infelicidade. Como um barco sem timoneiro, eles se desarticulam quanto à direção da própria vida.

Contudo, embora a fragilidade seja uma via imediata, que é seguida por conta do distanciamento de contato, nem sempre isso acontece. Na vida mental, ocorrem defesas poderosas contra a experiência de passagem à inexistência. Formam-se verdadeiros baluartes contra a angústia de dissipação do *self*, especialmente nos graus mais avançados. Não havendo possibilidades de retorno ao contato, a forma mais comum e eficaz de eludir, escamotear, afastar ou suprimir a angústia consiste no emprego da sensorialidade. Esta diz respeito à tendência de objetificar e de tornar factuais os dados da realidade psíquica e da realidade externa. A sensorialidade determina a instalação e a manutenção no *self* das propriedades, qualidades e características dos objetos concretos. Nela, o *self* torna-se predominantemente saturado de produtos concretistas, que implicam a objetificação geral dos processos psíquicos. A sensorialidade passa a estar presente nas relações com o mundo interno e com o mundo externo. Normalmente, quando ela se instala, vem substituir a fragilidade, mas nem sempre esta se manifesta abertamente após o distanciamento de contato. Muitas vezes, como medida cautelar, a sensorialidade se antecipa à fragilidade, vindo a ocupar previamente áreas mentais que seriam dominadas pela fragilidade e por suas decorrências, dentre as quais a angústia de dissipação do *self*.

Um aspecto importante a considerar é que, na sensorialidade, se forma um fundo relativamente autônomo, que obscurece a pessoa real e se torna um filtro deformante na relação com os fatos. A mente é tomada por objetos internos e/ou externos, de tal modo que acaba por se compor de padrões e sistemas sensoriais, ainda que estes se revistam de características intelectuais, simbólicas, adaptativas, prazerosas e outras. Não significa, porém, que sejam ligados às fontes da vida, como o é o *ser interior*, cuja natureza é essencialmente não-sensorial.

O modelo aqui apresentado compreende quatro tipos de sensorialidade. De modo geral, um dos tipos predomina sobre os demais, dando a tônica aos processos psíquicos. Inicialmente, há a *sensorialidade básica*, aquela existente em condições naturais, que é normalmente associada à adaptação e à sobrevivência, assim como à inserção obrigatória num mundo feito de matéria. Seria totalmente inconsequente e absurdo desconsiderar o fato de que vivemos no mundo concreto, que a sensorialidade é uma parte inerente de nossas vidas e que dela não podemos prescindir. Contudo, às vezes, a sensorialidade básica pode ser intensificada, alterando-se não a sua natureza, mas a sua qualidade. Ao intensificar-se, ela estabelece uma disrupção com o ser da pessoa, passando a ser utilizada com finalidades concretistas, como podemos observar, especialmente, nos quadros clínicos do ciúme patológico, da voracidade e da inveja. Um número infinito de situações relativamente comuns pode ser exacerbado sensorialmente. Outro tipo de sensorialidade denomina-se *sensorialidade de preenchimento substitutivo*. Nela, em função do distanciamento de contato, o *self* repleta-se de produtos variados, porque alguma coisa é concretamente colocada no lugar do distanciamento, substituindo-o. O preenchimento pode ocorrer sob as formas de inflação egoica, jogos compulsivos, sexualidade indiscriminada, excesso de atividades, consumismo, adesão a ideologias e crenças dogmáticas etc. Ele se torna evidente em algumas formas de compulsão, como no transtorno obsessivo-compulsivo, na drogadição e na destrutividade antissocial. Além desses, pode-se descrever outros tipos de sensorialidade. Chama particularmente a atenção a *sensorialidade produzida por corte e exclusão*, que se refere aos processos de desligamento, anulação, eliminação e ruptura de vínculos, seja com a realidade interna ou externa, vindo a constituir grandes áreas psíquicas de amortecimento, anestesia, inércia, paralisação e extinção da vida psíquica. Ela ocorre especialmente na esquizoidia, na esquizofrenia e na catatonia, mas também na supressão de emoções, na psicose branca, nos estados paranoides e na bipolaridade. Muitas vezes, nesse tipo de sensorialidade, a ruptura com a vida real é motivada por frustrações e sofrimentos, levando a estados de indiferença e de ódio à realidade. Finalmente, há a *sensorialidade produzida por ataques*, que se manifesta por meio de investimentos de características malignas nos objetos internos. Em consequência, eles se tornam objetos rejeitadores, hostis, sádicos, moribundos, mortos etc. Nessas condições, os objetos voltam-se contra o contato da pessoa com seu próprio ser, produzindo quadros depressivos de diferentes naturezas. Depressões por culpabilidade neurótica, por perda do objeto de amor e por decepções relacionadas ao objeto ideal pertencem a essa categoria. Geralmente, o convite ao suicídio encontra respaldo nesse tipo de sensorialidade. Certamente, poderia haver outros tipos de sensorialidade além dos descritos, mas nos atemos aqui aos principais, com a intenção de configurar algumas questões centrais de um modelo geral.

É importante sublinhar que a chave de compreensão da dinâmica do modelo está no fato de haver equivalências em grau entre o distanciamento de contato e cada uma das espécies de fragilidade (enfraquecimento ou esvaziamento) e cada um dos tipos descritos de sensorialidade. Cada grau do distanciamento corresponde a determinado comprometimento psíquico, quer se expresse como fragilidade ou como sensorialidade. Quanto maior for o grau do distanciamento, mais severa será a gravidade patológica. Pelo princípio de equivalência, os graus de gravidade patológica do distanciamento implicam graus correspondentes de fragilidade ou, na falta desta, de sensorialidade. Quando a sensorialidade se estabelece, seja qual for o tipo, ela permanece em *locus homologus* ao da fragilidade que não se instalou. Desse modo, na implantação de determinado comprometimento psíquico, é preciso verificar qual é o grau do distanciamento de contato, que se reflete sobre as "escolhas" feitas pela pessoa entre a fragilidade e a sensorialidade (quaisquer que sejam seus tipos e espécies), incidindo homoteticamente sobre elas. Seja qual for a "escolha", o que muda é a natureza do comprometimento, mas não a sua gravidade, que permanece constante. Então, é possível, nesse modelo, compreender de forma unificada um conjunto de perturbações psíquicas de diferentes naturezas, englobadas sob o enfoque do distanciamento do contato e suas implicações. Nesse modelo, as perturbações psíquicas participam de uma unidade metodologicamente simplificada, em conformidade com a interação de seus constituintes básicos (TRINCA, 2007, 2011).

Não é difícil reconhecer que em cada grau do distanciamento de contato (na interação com os demais fatores) se pode encontrar determinada modalidade de *self*, que corresponde à preponderância e ao grau do fator que passa a vigorar. Os conteúdos particulares do *self*, nesse caso, dizem respeito ao que incidir sobre ele, nos termos dos graus de fragilidade ou de sensorialidade, formando sistemas mentais determinantes. Estes são padrões mentais que se repetem e tendem a se fixar em estruturas relativamente estáveis. Uma avaliação da personalidade terá que levar em conta, também, o estado da estruturação inconsciente – outro fator que desempenha funções importantes no *self*. Ela consiste numa ordem conservadora e estruturante, que atua por meio dos núcleos organizadores.

Ancorada nas forças de vida que emanam do *ser interior*, responde em parte pela manutenção da estabilidade, pela organização e pelo funcionamento dos centros diretores do *self*. Movimentando-se por leis próprias, ela tende a se estabelecer como força de contenção da constelação do inimigo interno, ainda que suas atividades não sejam absolutamente autônomas. Em casos de alta gravidade patológica, a estruturação inconsciente tende a ruir.

Como vemos, as perturbações psíquicas são formas de comunicação a respeito do que se passa no *self*, quando este se desarmoniza pelo distanciamento do contato. Nem todo distanciamento implica necessariamente perturbações psíquicas, mas estas são geralmente produzidas pelo distanciamento. Na base da perturbação psíquica tende a estar o distanciamento, que, antes de tudo, leva ao conflito elementar, vivido consciente ou inconscientemente, entre a angústia de passagem à inexistência e a experiência de existência própria (quer o conflito se manifeste como enfraquecimento ou esvaziamento, quer se transforme em algum tipo predominante de sensorialidade). Os fatores do modelo, sendo determinados, ajudam a simplificar e a enfrentar a questão do sofrimento mental, partindo do ancoramento no plano do contato com o *ser interior*. Se a infelicidade pode ser associada em grande parte à desarmonização da vida psíquica, é necessário, sem dúvida, conhecer a importância, a ordem e a dinâmica de atuação dos fatores aqui apontados. Eles constituem os fundamentos tanto da harmonização quanto da desarmonização do *self*.

Nos quadros graves de esquizofrenia, em que é elevado o distanciamento do contato, o *self* tende a se tornar paralisado e enrijecido, por deixar de receber grande parte dos influxos vitais do ser profundo. Nessa situação, o *self* mergulha numa dimensão concreta e literal; pela ação da sensorialidade de corte e exclusão, os vínculos vivos são substituídos por elementos densos, duros, primitivos e virulentos (TRINCA, 2011). A força da concretude e o grau em que ela predomina no *self* colocam-se no lugar que normalmente seria ocupado pelo centro vital da pessoa, se este não estivesse eclipsado ou obscurecido. Mas, mesmo nos casos leves, se predomina a angústia, o homem dito mentalmente são tende a criar e a incorporar processos de coisificação, de robotização e de alienação. Ele se satura de sensorialidade em prol de sua segurança emocional, fazendo prevalecer interiormente a insensibilidade, o desprezo e a arrogância em relação a tudo o que é vivo e sensível; exteriormente, fomenta a criação de um universo concretista, por vezes impiedoso e desumano. Em diferentes graus, proliferam variados mecanismos e processos de envolvimentos sensoriais. É sabido que o homem chamado moderno nutre tendências de acentuar os padrões, sistemas e estruturas sensoriais, em que a vida se restringe e se empobrece pelos formatados prontos e pelos condicionamentos aos valores, crenças e ideologias de caráter no mínimo duvidoso. Nesse contexto, coloca-se o *self* sensorial: um núcleo predominante de sensorialidade, que se corporifica e se alastra. Sob a ação dos processos de acumulação e de continuidade sensoriais, há a tendência de o *self* sensorial se estabelecer como entidade centralizada, formada por uma vasta tessitura de produtos coisificados, sem deixar espaço para a novidade e o frescor das experiências. Gesta-se aí um ser humano em descompasso com os vínculos verdadeiros, propondo-se a fabricar por conta própria a realidade, em vez de haver contato com ela. Disso resulta um patético universo construído pela sensorialidade, em cuja base está um *self* saturado, que dificulta ou impede o amor à vida, porque se distancia do contato vivo, seja da pessoa consigo própria, seja com a real natureza do mundo.

7. A expansão de consciência

Até o momento, temos nos concentrado nas particularidades do distanciamento de contato, em que prepondera a desarmonização. No entanto, além do distanciamento está o contato que verdadeiramente se realiza com o *ser interior*. Ao ser realizado, prevalecem as condições da harmonização, porque é no contato que se centralizam as bases da integração psíquica, decorrentes de aproximações entre o *ser interior* e o *self*. Há um estado de equilíbrio psíquico, alcançado no relacionamento "natural" da pessoa consigo própria e, quando isso acontece, tudo tende a estar no devido lugar, predominando a saúde mental. A porta de entrada da harmonização é a conscientização da noção de si mesmo, quando esta atinge o limiar da consciência de si e se torna experiência de inteireza. Deste ponto em diante, em vez de déficits de contato com o *ser interior*, têm-se acréscimos ao contato, que fazem ampliar a visão interior e exterior, tornando-se expansão de consciência. A influência, a presença e a ação do *ser interior* sobre o *self* podem alcançar graus elevados, sendo que quanto mais elevados forem, maiores serão, correlativamente, os graus de expansão de consciência. Assim, em um contínuo, passa-se do modelo particular de compreensão das perturbações psíquicas para um modelo geral dos processos mentais, conforme a figura abaixo:

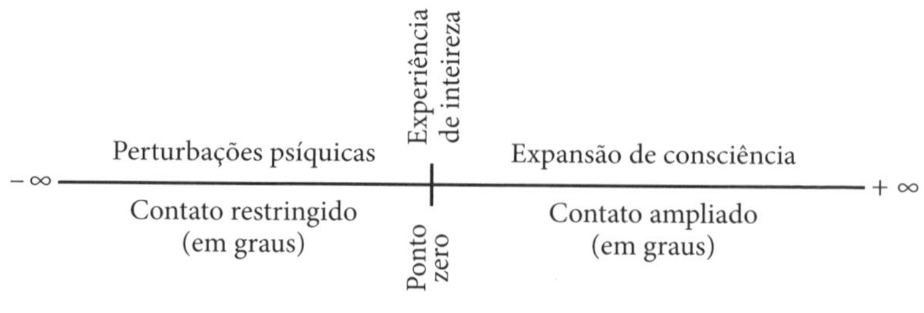

Figura 7.1 Em um eixo contínuo, o contato com o *ser interior* aumenta ou diminui a partir da experiência de inteireza.

No modelo geral, tanto a desorganização (que conduz às perturbações psíquicas e às vivências de desajustamento), quanto a organização (que leva à expansão de consciência) são compreendidas como componentes de um todo, diferenciando-se segundo o grau do contato (TRINCA, 2007). Essa distinção se torna fundamental caso se queira estudar a mente que se volta ao pessimismo ou à superação deste por maior conscientização e abertura do espaço mental. São as emoções presentes e atuantes no *self* que, em última análise, vão determinar a qualidade dos relacionamentos e a atitude perante os fatos da realidade interna e externa. A distinção entre emoções sensoriais e não-sensoriais é um divisor de águas de importância crucial. Enquanto a escravidão pelas emoções sensoriais pode chegar ao máximo da crueldade, do horror e da indiferença à vida, as emoções não-sensoriais podem conduzir aos extremos da solicitude, da humanização e do amor à vida. A pessoa torna-se autoconsciente do que se passa em sua mente a partir de uma referência interna em que ela se sente, justamente, um ser. A partir daqui, consegue com propriedade ter noções de si e do que lhe diz respeito, assim como de suas relações amplificadas, inserindo-se no mundo. Se não existisse um ser, mas somente situações momentâneas, instáveis, voláteis e mutáveis, a autoconsciência de si, que promove e sintetiza a compreensão, certamente não seria possível. Para a autoconsciência, é necessária a presença de um sujeito em processo de pensamento e de organização, que se volta sobre si mesmo como existência e põe em ordem a desordem, integra a desintegração.

Para tanto, nada é mais precioso do que a libertação do *self* em relação aos entulhos que o avassalam. Consiste no refinamento do *self*, depurando-o de forças, fatores e elementos interferentes ao pleno contato, dentre os quais a constelação do inimigo interno. A obtenção de áreas livres de comprometimentos, turbulências e conflitos corresponde, em certo nível, ao afastamento dos excessos de sensorialidade e de fragilidade, mas também ao ancoramento no contato ampliado com o *ser interior*. Isso tem por corolário a emergência de qualidades no *self* em que a não-sensorialidade se torna um discriminador por excelência. O *self* passa a ser uma função-referencial, em vez de deixar a pessoa à deriva.

A proposta psicanalítica tem por ponto de partida a necessidade de se conhecer o que se passa na mente. Para evitar catástrofes, é a mente que deverá ser questionada, analisada e compreendida. A discriminação dos fatores que se instalam e atuam no *self* tem por finalidade a descoberta dos meios de se lidar com o seu aprisionamento. A libertação consiste no conhecimento não só dos processos gerais, mas das particularidades de cada caso. A metodologia psicanalítica está a serviço do atendimento e deve se adaptar a ele, não o contrário. Num particular atendimento, tudo depende da experiência vivencial que realiza discriminações no interior da mistura e da confusão. Isso implica maior contato com o próprio ser, quando a pessoa se volta para si mesma, percebendo-se de modo imparcial pela observação dos fatos. A constatação de que a mente está impregnada de fragilidade ou saturada de sensorialidade, sob efeitos de autoinvalidações, por exemplo, levanta possibilidades de haver superação, pelo simples ato de conhecimento. Na mente livre, surgem condições favoráveis ao contato com o que realmente existe, muito além dos obstáculos e interferências que pesam sobre o *self*. Trata-se da ultrapassagem dos conflitos, das turbulências, dos desejos, das emoções passionais e das múltiplas formas de comprometimentos psíquicos. O contato expansivo com o *ser interior* é correlativo à limpidez que se instala em graus no *self*. Mas, para que esse ser possa estar pleno à consciência, cada pessoa necessita conhecer os processos do *self*, discriminar os fatores em ação e colocar em relevo as atividades contrárias à vida. Cada pessoa tem a tarefa de se discriminar em meio a tudo o que ela não é. Uma das funções da análise consiste em fortalecer o contato com o *ser interior*, quando se acha obscurecido, eclipsado ou rompido. Nesse sentido, a análise constitui um vértice privilegiado de observação, em cuja base está a noção de inconsciente, apontada inicialmente por Freud.

Se a expansão de consciência tem sua porta de entrada na experiência de inteireza, o que acontece a partir desse ponto, quando o contato se amplifica? Em primeiro lugar, aparece a evidência da presença do *ser interior* não-sensorial. Na consciência, a não-sensorialidade manifesta-se como um estado experiencial de vazio sensorial, que inclui liberdade, mobilidade, abertura, leveza e silêncio, a que se acrescenta o sentimento de ter vida interior. Em graus mais elevados de contato, a experiência de existência própria traduz-se pelo sentimento de um espaço amplo, livre e solto na mente, que não está preso a nada, a ninguém. Trata-se de um espaço mental fluido e móvel, sem fixações ou aderências, por meio do qual é possível estabelecer contato profundo com a realidade. Por isso, está pronto ao acolhimento. Por vezes, isso mostra-se, também, como um espaço-claridade e um potencial para emergências de todo tipo, em especial para a novidade e a surpresa.

Nos processos evolutivos da mente, é essencial que apareça um "estado líquido", no qual os fatos são acolhidos numa disponibilidade aberta a flutuações, de forma que as significações brotem em perfeita espontaneidade, passando pelas possibilidades de existência, antes de tomarem formas de existência. Desse modo, talvez seja possível seguir o curso das coisas como as flutuações de um rio, em que a correnteza indica o curso a seguir: perpassa o fluxo da vida, quando nos deixamos ir, nos deixamos levar, sabendo que não se trata de movimentos caóticos, mas ancorados na fonte que dá vida e alimenta a criação. Abandonar-nos ao curso interior é permitir que nasça flexibilidade para abrigar o desconhecido, deixando-nos penetrar pelas coisas. A mobilidade psíquica concede-nos a dádiva de flutuar sem motivos prévios, sem concepções adredemente preparadas, sem condicionamentos psicológicos, sem memórias e desejos, enfim, sem saturações sensoriais. Fora dessa mobilidade, a mente tende ao enrijecimento, não podendo deslizar, nem acompanhar a realidade dos fatos e, por isso, não obtém os significados que transparecem dos próprios fatos. O universo, por natureza, é variável, mutável, transformador, inovador, flexível e sempre novo. Para ele, devemos ser igualmente flexíveis e móveis, porque ele só se mostra a uma mente receptiva e sintônica ao contato profundo. Importante, pois, é a mobilidade psíquica, que encontra um mundo móvel, dando sentido à ligação. Havendo ligação, revela-se o sentido e, se há sentido, não há vazio, absurdo ou nada. A banalidade e a indiferença aparentes transformam-se em surpresa e alegria.

A mente abre-se à experiência de imaterialidade. Esta é constituída por um grau avançado de não-sensorialidade na mente. Adaptando-se docilmente ao fluxo, há a emergência da disposição de acolhimento, aguçamento, aprofundamento, apuramento e alargamento, manifestando-se por estados de limpidez, leveza, eteridade, abrangência, harmonia, transfiguração e atemporalidade, entre outros. No relacionamento com a profundidade do mundo, encontram-se as propriedades imateriais porventura nele existentes. São momentos de vivência nova e fresca, que acodem, por assim dizer, espontaneamente à consciência, desvendando a beleza, a majestade e a sublimidade do mundo. Dependendo do nível do "mergulho", derretem-se as construções solidificadas da mente, que se torna um abrigo espontâneo da vida, apresentando-se por movimentos fugazes, afáveis e gráceis dos seres vivos, por exemplo. Também, na mente depurada de interferências, surgem cores, formas e luminosidade, mostrando-se o mundo em sua radiância. São cores esmaecidas e delicadas, brilhos que não ofuscam, formas que expressam suavidade de existência. Uma visão de sonhos para a vida pode vir a emoldurar o silêncio que faz parte da realidade. O tempo dissolve-se em inexistência, uma amplidão atemporal substitui as noções convencionais de espaço e tempo, a compreensão da realidade alarga-se na forma de imagens artísticas espontâneas, que sintetizam o fundo estético do mundo. A transfiguração deste impõe-se docilmente, abrindo espaço a "outro mundo", existente no próprio mundo, como sua fisionomia mais profunda (TRINCA, 1991).

Para a alegria de viver neste mundo, a mente necessita nutrir-se das fontes copiosas de que fala Nietzsche no *Zaratustra*. O caudaloso rio de nossa vida alimenta-se do Universo prodigioso e inesgotável. A realização de nosso ser no mundo depende do acolhimento deste como se fossem imagens mentais espontâneas, que comunicam a experiência de imaterialidade. Um arbusto florido ao sol da primavera não difere essencialmente da aparição espontânea de uma imagem de brilho e cor, a não ser por sua existência real no mundo visível. A passagem do sensorial ao imaterial é realizada na própria experiência de contemplação do mundo, desprovida da capa superficial de concretude e banalidade. Um dia de sol reflete todo o panorama colorido e iluminado da natureza, como se fosse uma joia faiscante de beleza. Do recôndito íntimo de nosso ser nasce o contato com as raízes da existência. Vem à tona da consciência uma relação ancestral, que nos situa em nível alargado de existência. A profundidade do mundo oferece-se à nossa contemplação, a natureza abre-se em festa, o vasto Universo é um lugar de vida, a suavidade e a penetrância espalham-se por tudo. Na abertura da mente, tudo é grandeza e amplidão, e um doce perfume impregna o ar. Não se dissociam da espiritualidade fenomênica: a harmonia interna dirige-se ao encontro da harmonia externa. Não raro, o que aparece é o sentido primordial das coisas. O *ser interior*, em suas raízes, participa dessa coisa vasta e desconhecida chamada vida, dessa manifestação criadora chamada natureza e desse misterioso enigma chamado Universo. Nada é dominado por concretude na experiência de imaterialidade, embora se dê no plano da pura realidade. Aqui, a atemporalidade é simplesmente vivida como libertação da mente em relação ao estreitamento pelo imediatismo espaçotemporal. Quanto maior for o contato do ser com o mundo, mais refinada será a apreensão da imaterialidade. Em certa faixa do espectro, tudo parece estar face a face com o mistério, e dessa caudalosa torrente brota a novidade e o vigor.

Toda mente humana é capaz de ter essas experiências, desde que esteja preparada. Uma vez que sejam alcançadas, há expansão das condições internas e avanço do processo de humanização. A proposta psicanalítica consiste em esmiuçar a natureza do *self* e das operações que nele se processam, a fim de possibilitar uma abordagem de conjunto, que se aplica a todo e qualquer ser humano. Essa abordagem coloca em evidência o fato de que as admoestações e críticas sobre o *self* ser parcial e não confiável, feitas por inúmeros pensadores e líderes religiosos, somente se mantêm por conta de uma visão unilateral do *self*. Isso pode ser questionado com base no modelo aqui proposto. Por ele, torna-se possível encontrar suporte para a experiência de construtividade, apesar de todo infortúnio e de todo sofrimento ligados a ela. É função do Universo proporcionar condições para a adaptação e a sobrevivência, mas também para o aprimoramento da vida do espírito: a experiência de imaterialidade oferece sentidos e significados nobres e elevados para a existência humana. Ainda que ocorra de modo eventual e passageiro ela vem ressignificar toda a relação com a vida. É importante reafirmar o caráter realístico da experiência, que recoloca um lugar imaterial ao mundo, quando a imaterialidade realmente faz parte dele. Nesse caso, torna-se possível perceber o mundo em sua existência incontaminada pela mente.

Terceira parte
O pensamento trágico e a psicanálise

8. Pontuando a visão catastrófica

Visão catastrófica é aquela que se detém no pessimismo e na infelicidade, em vez de usar as dificuldades da vida como incentivos à superação. A indisposição e o ódio contra a vida estão na base da situação psíquica que sustenta o ódio ancestral da pessoa contra si mesma. Cada ser humano carrega seu núcleo mórbido de destrutividade, que se insinua em suas relações com a vida, tornando-a amarga, pesada e infeliz. Não significa que não haja dificuldades reais, mas a visão catastrófica contém o abandono da atitude de enfrentamento. Lembremo-nos de que o ódio voltado contra o *ser interior* cria o distanciamento de contato que, por sua vez, implica o vazio. Um vazio que pode ser traduzido como neutro, mas também como falta essencial e cataclisma do ser, no qual o contato sucumbe aos diferentes aspectos da experiência de não ser. Ao se pensar nas patologias do vazio, podemos considerá-las como consequências do distanciamento de contato, que resulta em fragilidade e, desta, em angústia de dissipação do *self*. É o vazio, na acepção de ausência de vinculação, que provoca a falta de sentido da vida e, em encadeamento, o absurdo, o nada e o terror que se lhe associam. Como sabemos, pode suceder que, em vez do vazio, o *self* venha a se saturar de sensorialidade e, em decorrência, predomine a indiferença, o desencanto, o tédio, o automatismo, o fechamento na estreiteza e, mesmo, a excitação feérica, sob um viver desprovido de horizontes. Não deixa de engendrar uma visão de mundo em estado de desventura e de calamidade. O catastrofismo depende do estado de espírito, da forma de encarar os fatos e da maneira como se experiencia a realidade interna e externa. Ou seja, depende da natureza e da qualidade daquilo que se aloja no *self*. Importa sublinhar que, no alto grau do distanciamento de contato, havendo ou não a experiência de vazio, prepondera a interioridade afastada dos sentidos vivos, alijada da vida do próprio ser e banida, portanto, das relações com um Universo pululante de vitalidade e doador de vida.

As conexões entre o catastrofismo e o distanciamento de contato tornam-se evidentes quando este é ocasionado por rejeições, desqualificações e invalidações do *ser interior*, que deixam o *self* desprovido de parâmetros em que se fundamentar. Se é neutralizado ou retirado de cena o centro norteador, tudo se torna igualmente possível, a lógica insana parece ser tão verdadeira quanto a legítima e o mundo anárquico não se distingue do mundo harmonioso. A indistinção e a confusão fazem misturar as emoções e os pensamentos num cadinho em que tudo pode ser tanto válido quanto descartável. Quando não há referências alicerçadas na experiência de ser, o catastrofismo nasce da visão de mundo estabelecida pelo acaso.

Considerando-se o pensamento trágico, é necessário examinar a natureza do *self* a que ele se refere, assim como a dinâmica dos déficits de contato com o *ser interior*. Se a visão catastrófica se correlaciona com alto grau de distanciamento de contato, de que se origina o grande pessimismo, a realidade de si mesmo como ser e a realidade do próprio mundo ficam entregues ao viés de um *self* agrilhoado, interferido e comprometido. Se tudo parece girar ao sabor do acaso, a focalização e a análise da angústia de passagem à inexistência tornam-se uma tarefa indispensável, dado que, como vimos, essa angústia distorce a percepção da realidade. Se isso acontece, não é a falta de constituição da natureza que leva ao pavor, e sim a experiência da falta de ancoramento no próprio ser. Em consequência, onde deveria existir vida, há destruição, terror e morte. Não é sem motivo que todo pensamento trágico é, também, expressão da angústia e do vazio.

Isso se torna claro ao se examinar as proposições do pensamento sofístico. Para ele, não existem seres, nada existe de fato, só há aparências e ideias sem fundamento objetivo e sem realidade substantiva. Não havendo ser, não há realidade, porque são interdependentes. A questão do ser passa ao plano meramente conceitual, não tendo por ponto de partida a experiência de ser, mas as manifestações variáveis que ocorrem a cada momento. Sendo o mundo desprovido de ser tanto quanto o indivíduo, o que acontece é absolutamente casual, conjuntural e fortuito, isto é, sem substância. Poderia ser de outra maneira ou ser outra coisa se a perspectiva fosse outra, mas seria igualmente válida para ocupar o lugar do ser. A identidade, como um critério universal, é posta em questão, especialmente por Górgias, para quem a natureza é concebida como ausência de ser. Não havendo a naturalidade do ser, dada como ponto de referência, tudo é alterável conforme as circunstâncias.

Assim, quem fala da inexistência de ser no mundo não estabelece claras noções da existência de si mesmo como ser. O que significa ausência de ser, senão distanciamento de contato, esvaziamento e angústia de dissipação do *self*? No plano filosófico, não seria, também, um pensamento que tem por pano de fundo o distanciamento de contato e suas consequências? Quem parte da experiência de ser não conclui pela inexistência do ser, pois seria ilógico e contrassensual. Mas o distanciamento de contato conduz diretamente ao esvaziamento (um aspecto da fragilidade do *self*), que tem por desfecho a experiência do vazio, do vácuo e do nada. Se existe alguma coisa, é experienciada como nada, porque, não estando presente a consciência de si como ser, não há um substantivo para designar a existência. O sofista recusa-se a dar foros de existência ao que não consegue definir, porque lhe falta a definição fundamental. Se esta lhe fosse possível, seria a percepção de si como existência, que ocorre diretamente, sem conceitos ou palavras, e proporciona a descoberta do que existe no mundo partindo de uma referência original. Se há algo em que se basear é o núcleo fundamental ou *ser interior*, a partir do qual se torna possível experimentar a própria existência, a existência do mundo e conceber daí uma razão filosófica para a realidade.

Tal situação tem correspondências com o que o psicanalista encontra no atendimento clínico, quando o paciente comunica o sentimento de que a realidade não existe como um fato natural, o que existe pode ser de outro jeito, sendo possível tanto ser quanto não ser. O mundo é imprevisível, a catástrofe está à espreita, não há realidade nem verdade em que se fiar. Aquilo que o paciente percebe é questionado, porque ele está afastado de si mesmo e, portanto, da confiança na própria mente. Tudo gira num universo de possíveis, como bólidos no espaço. O paciente sucumbe aos abismos da inexistência e, assim, restam os ataques ao conhecimento, as desconfianças na compreensão e uma sensação de buraco negro iminente. A situação não difere essencialmente daquela que predomina na escola sofística. Mas há que se acrescentar, na base da problemática do distanciamento de contato, o clima de euforia que geralmente acompanha o sofista. Ele tende a transformar em festa o esvaziamento, substituindo-o pelo gozo e pelo divertimento. No manejo das posições e dos discursos contraditórios, ele joga feericamente com "verdades" antagônicas, que se autonulificam. Importa sobretudo o espetáculo da lógica do absurdo. Os sofistas são considerados mestres das palavras, grandes manipuladores e formadores de opinião. Geralmente, sua arte é associada às condições políticas de seu tempo (JAEGER, 1986). No entanto, vemos que se trata, em grande parte, de uma base assentada no preenchimento sensorial que decorre da angústia em face do esvaziamento. A sensorialidade encarnada no espetáculo coloca-se no lugar da angústia, mas subjacentemente esta permanece, atua e se manifesta sob a forma de concepções da realidade como catástrofe. Uma posição filosófica que ignora o significado da vinculação com a experiência de existência própria. Pode-se indagar em que medida a sofística difere, em essência, dos atuais mecanismos formadores de opinião, a serviço dos interesses próprios, dos grandes veículos midiáticos e dos imensos conglomerados detentores do poder político e econômico.

De modo semelhante à sofística, o ceticismo tem um ponto de partida no distanciamento de contato. Diferentemente daquela, porém, o pensador cético radical assume, em face de si próprio e do mundo, uma atitude de afastamento, indiferença, evasão e desligamento da realidade. Para ele, não é possível saber qualquer coisa, tudo é duvidoso, o que se chama realidade não é mais que ilusão, não existem verdades nem mentiras, sendo o conhecimento praticamente inatingível. Essa posição coincide com a sofística quanto à inexistência de segurança nos fatos. Ou seja, não há um ser que forneça bases seguras para a afirmação ou a negação. Há um vazio no lugar que deveria estar ocupado pelo ser. No vácuo da ausência deste, tudo se torna instável e duvidoso, porque não há nada que possa dar sustentação ao conhecimento. No esvaziamento interno, tudo se torna volátil, inconsistente e dispersivo. Essa é uma formulação que com frequência se encontra no atendimento psicanalítico, como resultado do distanciamento de contato. Se o centro de sustentação interna é vago, oco ou vazio, tanto o paciente quanto o cético radical dispensam-se de ir em busca de alguma verdade, dado que, não havendo verdade interior, nada se torna verdadeiramente real. Se tudo é *Véu de Maia* e ilusão, resta a construção da realidade por ausência de ser. No caso do cético radical, acrescenta-se a construção de uma filosofia cujo ponto de partida é a falta de referência básica na experiência de ser.

Sob dúvida dogmática, ao falar o tempo todo que tudo é enganoso e nada há para ser levado a sério, o filósofo cético fala essencialmente de um vazio constitutivo, do qual sobressai uma espessa camada de incerteza que recobre o conhecimento da realidade. Nessa problemática, o mundo do cético é feito de areia movediça, do qual ele deve se defender e ao qual não deve se ligar, pelo próprio fato de não haver confiabilidade. Ele busca solução para essa situação catastrófica e encontra-a na indiferença, a qual dá o nome de tranquilidade, mas se trata de uma tranquilidade de cemitério. A indiferença advém da forma empregada para a eliminação da angústia, que ruma para o buraco negro da inexistência. A solução do cético radical repousa numa paz de inércia, anestesia e paralisação. Se, para ele, nada é realmente confiável, a melhor solução é o alheamento e a evasão. Ela consiste no uso do que temos denominado de sensorialidade de corte e exclusão, isto é, na substituição do vazio constitutivo pela atitude básica de eliminação dos vínculos.

O catastrofismo do cético origina-se do afastamento ou da perda de noções da existência interna de um ser. Não havendo a manutenção dessa noção, é impossível afirmar qualquer verdade a respeito desse ser. Segue-se que se torna improvável encontrar significados na realidade externa que lastreiem o conhecimento dos fatos. Em que se baseia o sentimento de que algo é real e verdadeiro, senão, primeiramente, na experiência de existência própria, da qual decorrem as noções de realidade e de verdade? Se não há realidade interior, inexiste também realidade exterior confiável, *por inexistir internamente alguém que dê validade à experiência*. O vazio interior só pode se relacionar fragmentariamente com o mundo exterior e, então, este se apresenta como desordem, confusão ou caos. Para que a realidade e a verdade possam se revelar, é preciso que seja atingido um limiar de organização mental compatível com a percepção do nível de evolução alcançado pela natureza em seus processos refinados e sutis.

Até aqui, o ceticismo. O trabalho de desconstrução do ser, todavia, prossegue. A nulificação da natureza é flagrante em Lucrécio, admirador e seguidor de Epicuro. Ele reveste de pessimismo o pensamento de seu mestre, subtraindo totalmente a noção de ser e substituindo-a pela noção de acaso. Se nada existe que possa se designar como ser, tudo depende exclusivamente das circunstâncias (ROSSET, 1989a). O resultado, na construção do mundo, é a total dependência do acaso, que se torna um acaso constituinte. Ele domina a condição inanimada da matéria por intermédio do *clinamen*, que vimos ser o princípio responsável pelo desvio dos átomos formadores dos corpos. O resultado é um Universo frio, produzido pela fatalidade. Nota-se claramente que a noção de acaso se choca veementemente com a noção de ser: enquanto este é composto de forças vivas que impelem à organização, aquele é simplesmente o nada, de que se retira *por repetição* alguma coisa. No plano mental, a falta de vida reflete-se como peso, carga, fadiga e tédio. O distanciamento de contato com o próprio ser leva a que: "cada um foge de si mesmo... [mas] fica preso a si mesmo contra sua vontade e odeia essa situação" (LUCRÉCIO, 2015, p. 193). Em vez do pavor e do pânico, decorrentes do esvaziamento e da passagem à inexistência, em Lucrécio o Universo abissal, constituído pela recusa ao ser, é suplantado por um tipo de sensorialidade que se ancora, justamente, na vivência de uma realidade com características opacas, neutras, automáticas e monótonas. Se falta o sentido do ser, falta o sentido do que é vivo. Por isso, ele diz que "tudo acontece com um cálculo determinado e com uma determinada ordem" (LUCRÉCIO, 2015, p. 337). Trata-se simplesmente do determinismo da ordem cega e acidental, resultante do acaso, sem calor e sem vibração de vida: a neutralidade plana, regular, inercial e amortecida. Nesse caso, a filosofia atesta um desligamento característico da sensorialidade produzida por corte e exclusão. Quando isso acontece, tudo parece ser sem sentido, os vínculos se desfazem, deixando de ser importantes, o mundo afigura-se inerte, feito de objetos-coisas que vagam ao acaso, presos à sua origem no nada. Se há transformação, não se exclui a dissolução e a catástrofe, pois tudo termina na morte, uma figura onipresente em Lucrécio. Esse desligamento de não presença também encontra paralelismo na situação clínica, em que o paciente se torna simplesmente apagado, por abdicação de se sentir sujeito e por indiferença em relação aos objetos internos e externos. Seu apaziguamento é derivado da ação eliminatória que, por exemplo, na psicose branca (DONNET; GREEN, 1973), expulsa os investimentos libidinais, rompe com os vínculos e neutraliza a vida afetiva. A sensorialidade de corte e exclusão consiste precisamente nesse estado de anestesia, indiferença e inércia, tomado como referência principal, quando é grande o distanciamento de contato (TRINCA, 2011). A angústia de dissipação do *self*, que conduziria ao terror de passagem à inexistência, é evitada pelo emprego intensivo dessa sensorialidade.

Tudo isso seria até certo ponto compreensível, se não fosse a presença da constelação do inimigo interno, uma forma insidiosa e viperina de atividade, que incita a autodestruição. Se nada tem sentido e se nada vale a pena, por que, ainda, conservar-se em vida? Apesar da beleza de inúmeras passagens da poesia de Lucrécio, a impressão geral que permanece é de que tudo caminha para a destruição. O poeta parece estar em luta permanente entre o sentido do que é vivo e a dissolução na morte. A insatisfação com a vida, os males que ela traz, as doenças, os sofrimentos, os desastres naturais e, no final do poema, a peste de Atenas nutrem e justificam a morbidez e a ação eliminatória. Não estaria na base do *clinamen* a força da pulsão de morte, ao criar um Universo frio e desprovido de sentido? A imensa energia posta a serviço da criação não teria condições de criar algo melhor do que *simulacra*? Tanto esforço, tanto barulho por nada?

Não significa que toda a obra magistral de Lucrécio – aquela que chegou até nós – possa se reduzir a essas críticas. O filósofo-poeta dedicou-se a ensinar ciência o tempo todo, empenhando-se contra os dogmatismos, os preconceitos, as ideologias e as crenças supersticiosas, em favor da compreensão natural dos fatos. Sua proposta foi, sempre, o alcance da *ataraxia*. Nele está continuamente presente a observação meticulosa, o conhecimento científico possível e o propósito explícito de lidar com a mente. Em especial, são admiráveis seus esforços de afastar o obscurantismo e o medo da morte. Ele acreditava que, se o mundo é natural e tem suas leis, não há com o que nos preocupar. Mas quais são essas leis? As perguntas e as respostas continuam sendo procuradas e evoluem com o tempo. Importantes são, pois, as tentativas e os empenhos de compreensão dos princípios fundamentais em que se sustenta o Universo: a natureza das coisas.

9. Catastrofismo e modernidade

Não é difícil encontrar pensadores trágicos na modernidade. Se esta é construída, basicamente, pela colocação em questão das noções previamente instituídas, pela recusa dos critérios dados de antemão para a abordagem da realidade e pelo cancelamento da ordem estabelecida na natureza, os trágicos modernos constituem legião. Se com Michel de Montaigne se iniciou a tragicidade na modernidade, ele teve o mérito de questionar a validade do *self* para dar sustentação ao conhecimento e para fundamentar com firmeza e constância a vida humana em geral. Já vimos quanto, para ele, o *self* é variável e impermanente, disparatado e feito aos pedaços. É famosa a sua afirmação de que "nós flutuamos entre diferentes opiniões, não querendo nada livremente, nem absolutamente, nem constantemente" (MONTAIGNE, II, 1979a, p. 7), que pode ser vista como um exemplo do quanto necessitamos de pontos de referências para validar nossa percepção e nossa compreensão. Sucumbidos aos domínios de um *self* instável, inconsistente e movediço, não vamos muito longe. Contudo, Montaigne não faz distinção entre o *self* e o *ser interior*, que determinaria diferentes funções para cada um e a natureza das relações entre ambos. Essa indistinção parece ser a questão principal, que leva à exclusão de um ponto de referência (ou alavanca de Arquimedes), por meio do qual se possa, na interioridade, mover tudo o mais. Por essa falta, tudo gira ao sabor da ocasião, da situação e da emoção. Mas, por outro lado, Montaigne recomenda ir além das aparências, sondar a interioridade e buscar a compreensão. Para isso, cada indivíduo terá que se apoiar no centro de sustentação interna ou o ser de cada um. Ele diz textualmente: "o mais selvagem de nossos males é desprezar o nosso ser" (MONTAIGNE, III, 1979b, p. 322). Ele parece oscilar entre a convicção de haver um ser e a insegurança de não existir internamente nada em que se possa confiar. Na verdade, procede por tentativas e erros, caminhando por afirmações e refutações, até que uma síntese seja possível. Alguns críticos modernos de Montaigne viram nele apenas o lado desconstrutivista, desconsiderando sua ligação com a vida, ancorada na base de um ser. Para ele, há diferença essencial entre ser e saber. Enquanto o saber for fruto das circunstâncias, da opinião e do entendimento, não representará o ser, que constitui a identidade alicerçada numa verdade mais profunda, em permanente busca de autorreconhecimento. Nesse ponto, especialmente, clarifica-se a distinção entre o *self* e o *ser interior*. Entretanto, apesar de sua intuição magistral a respeito das noções de si mesmo, ele permaneceu oscilante o tempo todo entre a segurança ancorada no ser e a insegurança da dominação pelo *self*. Quanto a esta, não há porque lhe tirar as razões, uma vez que, desprovido de iluminação pelo *ser interior*, o *self* se torna regente da vida psíquica em outras bases. A ênfase das preocupações de Montaigne sobre a ação do *self* em tais condições faz dele um pensador trágico da modernidade.

Na modernidade, destronada a influência, a presença e a ação do *ser interior* no *self*, a ordem do mundo desarranja-se e a noção de realidade parece se esvair. Para esses pensadores, se não há uma ordem interna, não há senão uma ordem imaginária para o mundo e nenhuma lei estável o governa. Imaginado a partir do vácuo interior do ser, que para nós se correlaciona com a angústia de dissipação do *self*, o mundo passa a ser concebido igualmente como inexistência no interior do vazio e do nada. Nesse caso, os princípios de existência confundem-se com a inexistência, os seres vivos com os objetos mecânicos e mortos; enfim, a vida florescente mescla-se com a desertificação e a morte. Muito das ideias da modernidade foi construído sobre essa noção instável de realidade. Não significa, porém, que tudo seja inconsequente na visão de mundo trazida pela modernidade. Ao contrário, ela é uma mola mestra que ainda põe o mundo a se mover em direção à liberdade, à igualdade e à fraternidade. É sempre necessária, porém, a retomada da relação com a vida palpitante pelo reencontro de seus fundamentos, que fazem relativizar o niilismo, a visão trágica, o pessimismo e o catastrofismo.

Nesse contexto fluido, a figura de Blaise Pascal é *sui generis*. Contrastando com a moderação de Montaigne, ele radicaliza a eliminação do ancoramento, tanto no ser do ser humano quanto no ser do mundo, e coloca a significação da vida no outro mundo da fé cristã, sem o qual tudo perderia sentido. Para ele, como para Descartes, a dignidade humana está no pensamento, mas este é em grande parte estúpido. A bem dizer, não há um lugar central ou um ser, mas somente qualidades flutuantes. Ele diz: "tendo a conhecer somente o meu nada" (PASCAL, s.d, p. 200). O que existe no mundo é "o sofrimento e o abandono numa noite de horror" (PASCAL, 1958, p. 237). Esse é um extremo a que pode chegar na sufocação pela passagem à inexistência da angústia de dissipação do *self*. Um *self* que, em Pascal, é inteiramente condenado e condenável, sendo considerado corrompido e detestável, sem haver um ser que se rejubile por presença de vida. Se o ser se esvai, resta o nada e tudo o que deste deriva. A angústia pascaliana está em não se situar em lugar nenhum, sendo a presença de uma ausência, a existência de uma inexistência. O nada tende a se absolutizar como origem, meio e fim, e a se alastrar sem qualquer ponto de apoio, tornando-se pavor e pânico em face de um destino sem fundamento. O *ser interior*, inteiramente excluído de consideração, e o *self*, inteiramente descapacitado, dão lugar à angústia catastrófica, movida pelo estado de esvaziamento. Se não houvesse momentos de fervor religioso, nem de outros tipos, que em Pascal são recomendações de preenchimentos por divertimentos, tudo se afundaria sem qualquer apelação.

A partir de um *self* nessas condições, só se pode ter uma imagem e um lugar para o mundo igualmente catastróficos. Se interiormente Pascal encontra o vazio e o nada, exteriormente impera toda espécie de inutilidade e aparência, em que "a falsidade e a maldade se misturam com a verdade e a bondade", confundindo-se e aniquilando-se mutualmente (PASCAL, 1958, p. 227). Resta, portanto, um mundo sombrio, uma natureza corrompida e um espetáculo mortífero, a partir de que Pascal (s.d, p. 143) pôde dizer: "o eterno silêncio desses espaços infinitos aterroriza-me". Para Rosset (1989a), em Pascal a vida é um derivado da morte, sendo esta o estado natural das coisas. Vivências de solidão, silêncio e morte o psicanalista encontra com relativa frequência no atendimento de pacientes – que temos designado como personalidades fóbicas – nos quais atua fortemente o distanciamento de contato com o *ser interior*, seguido do esvaziamento do *self* e da consequente angústia de dissipação (TRINCA, 1997, 2006). Esses pacientes costumam se perguntar se a realidade existe como um fato, dado que o mundo externo lhes parece ser um espetáculo de silêncio e morte, do qual a vida se apaga, exaurindo-se lugubremente.

Em Pascal, a catástrofe tem por ponto de partida o nada a que é conduzida a noção de si mesmo, levando à queda no vazio pelas vivências de terror de passagem à inexistência, de modo que, sem eixo de sustentação, o mundo mergulha na categoria pirroniana – enganosa, incerta e caótica – dos possíveis. Nesta, a constituição da realidade tende a desaparecer. "É uma coisa horrível", diz Pascal (s.d, p. 144), "sentir desaparecer tudo o que se possui". Falta-lhe o que é mais precioso: a noção de ser, em que se ancora a noção de Universo. Uma vez que tudo se torna areia movediça, haveria que se encontrar estabilidade, conforto e consolação em outra parte: a busca e a vivência da relação com a religião. A relação com Deus substitui a tragicidade do mundo, sentido como caótico. A solução consiste na aproximação à perfeição divina, com a qual Pascal se identifica, mas o mantém alheio ao mundo e afastado das raízes naturais da vida. O centro de suas reflexões e aspirações passa da angústia de esvaziamento para o endereçamento à divindade, permanecendo, porém, a falta básica da experiência com o próprio ser; daqui se segue o aniquilamento do mundo. A reinvenção do *self* por meio da religião e da fé constitui uma forma de asseguramento, mas distante das bases do ser. Haveria, nesse caso, um preenchimento sensorial substitutivo? Qual é a distinção entre o fervor místico e o *self* condicionado pela crença? Quando alguém está distante de si mesmo, que outros critérios poderiam ser usados como referência para o embasamento de sua verdade?

Se com Pascal a modernidade se anula ao adensar-se em fé religiosa, ela se liberta com Jean-Paul Sartre, tornando-se espírito do tempo. Para a figura controvertida do filósofo francês, a experiência de um mundo indiferente, inerte, opaco e morto, cujo sentido é inexistente e cuja finalidade é o nada, constitui algo simplesmente aterrador. Quando esperamos encontrar alguma coisa, nos deparamos com o nada, o absurdo e o sem sentido. No plano mental, o nada, como sabemos, é a representação da falta de contato com o ser e o consequente terror de passagem à inexistência. A definição sartreana de homem implica a falta básica de ser (SARTRE, 1948, p. 98 *et passim*). Se não há um ser presente à consciência (anteriormente à escolha da autoconstrução do ser), não há nenhum propósito na vida. A filosofia de Sartre estabelece seu ponto de partida no nada, tanto externo quanto interno. A vivência de não ser espalha-se como peste e causa náuseas. Para não sucumbir a esse vazio absurdo, Sartre propõe a recriação do mundo partindo daquilo que se acha ao alcance. De um mundo morto-vivo, passa-se a outro, criado conforme as condições o permitirem. Se na vivência original há o vazio constitutivo, que se expressa pela matéria opaca e pela inexistência de ser, o indivíduo pode, todavia, atribuir sentido à sua existência e à do mundo, exercendo um poder de escolha. Assim, no lugar da vivência original de esvaziamento e de angústia, passa a predominar alguma coisa, que pessoalmente, para Sartre, é a construção de uma filosofia. Ele toma a experiência de fragilidade para fazer dela uma visão de mundo.

Nessa visão, ao ser humano tudo é possível. A realidade passa a ser constituída de conjunturas e deliberações contingenciais. Ou melhor, não havendo realidade propriamente dita, ela é construída pelo poder da escolha humana. O universo pode ser recriado e a realidade consiste em cada um ser o que quiser. A abolição de toda referência é o princípio em que se sustenta a construção dessa realidade. O que resulta é a colocação em potência da ideia, muito em voga na modernidade, de absolutização do universo humano: "não há outro legislador senão o próprio homem" (SARTRE, 1962, p. 93), que Stern (1951, p. 200) chama de "apropriação simbólica do *ser-em-si*" pela unificação do *ser-para-si* no *ser-em-si*. Dessa forma, na prática, toda construção advinda do ser poderá se atribuir ao não ser, e a realização do ser no mundo poderá ser confundida com a fabricação pelo não ser. Mais grave, porém, é a construção artificial do ser pelos produtos sensoriais, quando o distanciamento de contato se acentua e a sensorialidade se instala no lugar da fragilidade do *self*.

As questões que se colocam são: sendo abolido o ser, ele poderá ser substituído por alguma coisa que intrinsecamente lhe equivalha? Aquilo que fica no lugar do vazio poderá se revelar como ser, ou será sempre alguma coisa inerente ao vazio? Como será o ser construído pelo não ser? Essas questões correspondem, em nossos termos, à indagação elementar sobre a possibilidade de se fabricar a si mesmo em estado de grande distanciamento de contato com o *ser interior*. Se, constitutivamente, o que existe é o nada e se este é fruto do esvaziamento do *self*, segue-se que *nihil ex nihilo*, do nada nada resulta. Ou melhor, o que resulta não diz respeito ao ser, mas ao nada. Essa é a razão pela qual o afastamento do ser é sentido por Sartre como náusea, uma forma de vazio correspondente à manifestação da angústia de dissipação do *self*.

O *ser interior* liga-se à necessidade interior, que oferece sentido próprio e original à pessoa, indicando-lhe o que é fundamental e indispensável. O sentido da vida é aquilo que tem sentido para o ser. Se este for ouvido, não há falta de sentido nem confusão, e sim realização do ser. Mas se a presença do ser é vaga, inoperante ou inexistente, o sentido passa a ser o preenchimento do vazio. Este é preenchido sensorialmente, de preferência pela substituição do vazio por outra coisa, nas relações do indivíduo consigo próprio e com o mundo. Contudo, tal preenchimento jamais terá o sentido próprio do ser, porque o que é feito desse modo deriva de uma ausência: o distanciamento de contato. O que se coloca no seio do esvaziamento não é algo vivo, como o é o ser, mas objetos com qualidades e atributos da sensorialidade, que permanecem enganosamente no *self* como se fossem o ser.

Nesse contexto, em que é notável o distanciamento de contato e de que resulta saturação sensorial, torna-se possível a *escolha do ser*? Pelo afastamento do ser, não há verdadeira escolha, mas artificialidades e simulacros, uma vez que o que fica em seu lugar é o preenchimento vicariante do *self*. Está claro que a realidade de haver um ser pode ser afastada ou banida, mas esse ser, sendo em princípio insubstituível, não legitima a criação de sucedâneos que lhe sejam equivalentes. Ao ser excluído, as consequências redundam na passagem ao primeiro plano de um *self* inundado por componentes sensoriais, com os quais Sartre legaliza a fabricação da realidade interna e externa. Se, no *self*, o *ser interior* deixa de ter efetividade, o que se observa empiricamente é que toda construção que neste não se baseia é realmente artificiosa, predominando o falso no lugar do verdadeiro. Isto porque inexiste preenchimento sensorial genuíno, que corresponda ao próprio ser descartado. Sartre exclui o ser e, por conseguinte, tem de se haver com a sensorialidade, que frequenta o lugar da abolição. Clinicamente, o preenchimento sensorial é experimentado consciente ou inconscientemente como inautêntico. Somente a ação do ser oferece a experiência de verdadeira realização; caso contrário, tudo gira ao sabor das circunstâncias. O universo assim criado tende a ser forjado para cobrir a falta, mas se trata, para o indivíduo, de localizar-se no absurdo da falta de referências. A identidade modelada dessa forma é tão vazia quanto a significação dos produtos lacunares de que ela lança mão para se criar.

A clínica psicanalítica tem muito a dizer a esse respeito. Uma observação fundamental é que, pelo uso intensivo da sensorialidade, o que se processa no *self* pode resultar em perturbações psíquicas, que exprimem a desarmonia no âmago da falta ou da insuficiência de contato com a fonte de vida interior. A angústia tende a desaparecer diante da fabricação vicariante, mas a nova construção tem seus fundamentos em bases precárias. Temos, por exemplo, o falso *self*, conforme o modelo descrito por Winnicott (1970), em que aspectos artificiais e falsos assumem posições no núcleo verdadeiro, que se acha protegido pela dissimulação e pelo ocultamento. Uma forma vicariante impõe-se para o preenchimento sensorial do vazio, em vez da forma original de ser, predominando sentimentos de irrealidade e de futilidade. Outra forma de *self* vicariante encontra-se na destrutividade antissocial, em que a delinquência se refere à expulsão de grande parte do contato do indivíduo consigo mesmo, surgindo em contrapartida um *self* impregnado de ódio contra o ambiente. Em vez de o ódio voltar-se contra o próprio indivíduo, é redirecionado sensorialmente sob a forma de retaliação e vingança contra aqueles que supostamente seriam responsáveis por seus sofrimentos precoces (TRINCA, 2011). Um exemplo mais evidente de preenchimento sensorial em face do vazio é dado por algumas formas de drogadição. Tendo construído sobre si mesmo a ideia de fracasso e de irrealização, que o invalidaria, o indivíduo elude o vazio, substituindo-o pelo poder mágico da droga. É sempre, porém, do vazio que se trata, embora o *self* sensorial conduza o indivíduo a identificar-se de outro modo. Exemplos não faltam, dominando o campo de variação do distanciamento de contato e do esvaziamento. Este, ao se instalar, pode ser substituído incontinenti pela sensorialidade. Algumas formas de homoerotismo estão nessa categoria: nos casos em que a angústia de esvaziamento é transformada em atração pelo mesmo sexo, em busca de um ser semelhante, admirado e desejado por suprir sensorialmente a falta básica de ser. Essa situação pode ser encontrada, também, nas relações heterossexuais em que a dependência ao outro se torna o tema dominante. Tanto homossexuais quanto heterossexuais têm conflitos e formas de soluções relativamente semelhantes, quando está em causa, na interioridade, o vazio e o nada. Estes podem ser facilmente encobertos pela sexualidade compulsiva e indiscriminada, mas também pela sede de poder e de lucro, pela aderência irrefletida a padrões de pensar, pela coisificação e desumanização dos relacionamentos e, enfim, por tudo o que for possível fabricar via *self* sensorial (TRINCA, 2011, 2016). Se o indivíduo assim se reequilibra, desviando-se da angústia de inexistência, não deixa de ser suplantado pela desarmonia, e com esta o artificialismo, o histrionismo, a irrealidade e as formas mais contundentes de comprometimentos emocionais.

Seria essa, pois, uma escolha livre? Se a escolha é determinada, em primeiro lugar, por falta de presença do ser no *self*, o resultado pode ser desastroso, como vimos. Não há como lhe atribuir significação, se a ação provier de relações absurdas. Insistimos que as relações significativas se ancoram no acordo da pessoa consigo própria; caso contrário, estarão impregnadas de fragilidade, que pode se tornar esvaziamento, ou estarão saturadas de sensorialidade, aprisionando a mente. Então, a liberdade não pode ser consequência do *self* em descompasso com o *ser interior*, nem da desarmonização psíquica instalada. A liberdade, em sua verdadeira acepção, consiste na liberdade do ser e na realização do ser no mundo. Não há, portanto, escolha livre no distanciamento de contato e suas consequências, porque ela é, nesse caso, condicionada às pressões da desarmonização que se instala. A escolha fica comprometida pelo grau da compulsão, que exige resolução em face da angústia de passagem à inexistência, rumando para o buraco negro.

O existencialismo de Sartre não faz distinção teórica entre sensorialidade e não-sensorialidade: seu sentido de existência engloba ambos os aspectos num universo em comum. É uma filosofia que parece combinar bem com a sensorialidade, mas não com a não-sensorialidade. Por isso, é considerada por Stern (1951, p. 53) uma filosofia patológica: "aquela que é motivada pelo sofrimento que a existência do mundo impõe e pelo desejo de superação". Há, no entanto, uma diferença fundamental entre a vivência sensorial, que pode se tornar patológica, e a vivência de contato com o ser não-sensorial e sua realização no mundo. Seguramente, há um mundo real que nossa interioridade pode encontrar, descobrindo-o em sua grandeza e majestade (TRINCA, 2019). No existencialismo, toda a maravilha do mundo corre o risco de se restringir à interpretação dada pelo viés do *self* sensorial, especialmente se este for saturado de subjetividade patogênica.

O mesmo Universo indiferente, silencioso e opaco de Sartre conduz Albert Camus (1946, p. 84) à "vida sem consolação, destinada à catástrofe e ao nada". Desprovidos da presença viva de um ser na interioridade, os indivíduos humanos experimentam o absurdo da vida sem sentido. Para que houvesse sentido, este deveria provir de dentro, mas no distanciamento de contato a vida humana torna-se estranha a si mesma e ao mundo. Nessa dimensão, não é possível apreender o mundo sequer pela ciência, assim como não se pode tomar posse do eu, porque este "não é nada mais do que água que corre por entre os dedos" (CAMUS, 1946, p. 34). Se não há presença do ser, revelada por consciência de si, tudo parece ser absurdo, porque inexiste o núcleo por meio do qual as relações se estabelecem e ganham sentido. Então, para Camus, a solução passa a ser o gesto permanente de autoafirmação pela revolta, pela confrontação e pela luta. Em vista disso, cada indivíduo deve empregar o que tem de melhor ou simplesmente o que tem, em vez do que não tem. Trata-se da autoafirmação perante o absoluto e o nada. Como Sartre, Camus não leva em conta, em teoria, a existência do ser. Mas, na prática, pelo esforço de ultrapassagem do absurdo, o ser é indiretamente revelado por sua energia, sua vitalidade de expressão e sua autoafirmação.

Se o mundo é inapreensível em si, a consciência do absurdo faz com que se descortine o horizonte da busca e do encontro de sentido. Resolve-se a questão da absurdidade pelo ato de se debruçar sobre si mesmo, obtendo esclarecimento e mobilizando a ação. Em Camus, o absurdo existe somente quando uma nuvem escura tolda a consciência do que se passa. Trata-se, porém, da consciência do absurdo, não da consciência do ser. A noção de si mesmo não se acha totalmente oclusiva, pois está a meio caminho entre a oclusividade e a consciência de si. Diferentemente de Sartre, Camus evoca uma noção inconsciente de si, por isso o coração e o senso de humanidade habitam sua obra e dirigem a construtividade, fecundando a relação com a vida, seja interna ou externa. Se inexistisse essa noção, o impulso cego e destrutivo entraria em cena e dominaria o espetáculo, terminando em tragédia. Em Camus, entretanto, o mundo só é absurdo em parte: a relação com o nível inconsciente de contato com o *ser interior*, que tenta ser ultrapassado pela atitude eficaz da mobilização de energias em prol da vida. A estruturação inconsciente estabelece um plano vivencial, cujo sentido é a realização do ser no mundo.

Sendo inconsciente a noção de si mesmo, a consciência volta-se à ação, mas é conduzida pela necessidade de apropriação de si, que permanece inexplícita. Se, no consentimento ao absurdo, é inevitável a afirmação da liberdade, esta é uma vitória da afirmação inadvertida do próprio ser. A consciência do absurdo cria a revolta e a luta, constituindo ao mesmo tempo uma tentativa de tornar consciente o inconsciente. O que é a revolta senão a expressão da autoafirmação de um ser que quer se tornar ele próprio consciente? Camus (1946, p. 77) diz que a revolta, ao ampliar a consciência, é a "presença constante do homem a si próprio", sendo necessária como meio de chegar à consciência de si. A catástrofe é eliminada se o indivíduo torna seu o mundo, fazendo deste um lugar de vida por determinação própria e, assim, dando-lhe sentido. Mas é justamente essa ação que o faz experienciar-se como sujeito, e não mais como objeto, introduzindo as condições iniciais que impulsionam a tendência à experiência de existência própria.

A todo ser humano que assume plena e conscientemente a sua existência, o mundo deixa de afigurar-se inerte, lúgubre e vazio. O que o torna absurdo é a ausência da consciência de si, que impede a percepção correta da existência de vida interior e exterior. Se só a vida interior pode encontrar a exterior, a presença do ser à consciência é condição *sine qua non*. Para que desapareça o absurdo e o mundo se manifeste em sua pujança, é necessário haver contato suficiente com o *ser interior*. Quanto maior for o grau de contato consciente, mais nítida se faz a presença da vida exterior. A absurdidade é correlativa ao estado do *self* inundado pelo afastamento da consciência do próprio ser. Torna-se possível a experiência criativa se o indivíduo é o mundo que realiza no sujeito na experiência viva consigo próprio. A criação passa a ser fruto de uma relação em que o sujeito se sente no mundo como se sente dentro de si mesmo. Havendo a experiência de ser, ela se coloca no foco da questão humana, tornando-se o mundo continente e lugar de vida. O sentimento de presença de vida é uma das maiores conquistas das aspirações humanas.

10. Pessimismo e psicanálise

A psicanálise freudiana, centralizando-se nas pressões e nos efeitos das atividades das pulsões, oferece uma imagem do ser humano em estado de constante conflito, em busca de um prazer duvidoso e em luta contra os poderes avassaladores que o dominam. Ainda que psicanalistas posteriores a Freud tenham posto ênfase nos princípios organizadores da mente, como por exemplo Spitz (1973) relativamente ao ego, permanece na psicanálise freudiana a ideia de um ego coxeante e de uma natureza humana praticamente indomável. Em Freud, a instância harmonizadora é colocada em questão a todo instante, inundada por emoções sensoriais que, muitas vezes, a tornam um barquinho de papel. Daqui nasce uma concepção de ser humano essencialmente dividido e fracionado, sendo impossível haver acordo consigo próprio. Na base dessa concepção está a dificuldade fundamental do ego de fazer face ao impulso sexual e à destrutividade, por conta da precariedade dos mecanismos de regulação e comando. Como o inconsciente rouba a cena, ele representa o que quer, a não ser que haja, segundo Freud (1996a, p. 101), "a substituição do poder do indivíduo pelo poder da comunidade".

Nessas condições, a interioridade aparece como dimensão de desarmonia e de sofrimento, estando regida mais pelo não ser do que pelo ser. Em nossos termos, corresponde à elevação ao poder supremo de um *self* em grande discrepância com a influência, a presença e a ação do *ser interior*. As forças indomáveis, a que Freud se refere, são aquelas que se estabelecem no *self* justamente pelo fato de haver distanciamento de contato com o *ser interior* e saturação daquele por conflitos e perturbações de toda ordem.

Na esteira da modernidade, Freud subestimou a eficácia da instância integradora e superdimensionou o móvel da vida psíquica colocado nas pulsões. Na clínica psicanalítica, é possível observar, porém, que o poder das pulsões pode ser mitigado, se o paciente faz uso da harmonização que resulta do contato consigo próprio. As forças pulsionais podem ser mais bem encaradas pelo fato de haver discriminações bem-sucedidas a respeito de quem ele se sente ser. Caso o contato não se realize de modo satisfatório, o poder pulsional tende a se acentuar em virtude de a convergência das atividades psíquicas deslocar-se para o *self* em desacordo com o *ser interior*. Nesse caso, o mecanismo de recalcamento tende, também, a se intensificar. Mas, se o paciente consegue ter uma visão integradora da situação, com a consciência de si ampliada, ele tende a se acalmar, sobrevindo uma visão mais realística dos fatos. As maiores dificuldades surgem quando os comandos do *self* não estão afeitos à condução pelo ser profundo, em que aspectos mais primitivos podem preponderar. Quanto menos sensível for o indivíduo a seu próprio ser, mais embrutecido e selvagem tende a se revelar. Freud constatou que, desse modo, a invasão das pulsões conta com insuficiências de recursos para conter a destrutividade e a sexualidade contrárias à civilização. Isso significa que, se o *ser interior* não assume seu lugar, outras forças passam a atuar no *self*, especialmente aquelas produzidas pelas atividades pulsionais. Sem dúvida, há impulsos cegos e inconscientes que não se podem considerar equilibrados e civilizados. Todavia, o inconsciente pode se tornar consciente, especialmente por grande contato com o ser que põe ordem na casa e estabelece a harmonia. Assim, em vez de o inconsciente ser a peste que corrói o ser humano, o centro anímico passa ao comando de um princípio de organização.

Como vemos, o grande poder conferido por Freud às pulsões decorre do fraco papel atribuído ao ego: a tragicidade da vida humana está no ego assujeitado pelas pulsões. Ainda que o princípio de realidade possa vir em socorro do ser humano, ele não salva o mundo interno de precariedade, uma vez que a fonte de regulação se origina do mundo externo. Há internamente uma faculdade de discernimento, que Freud não deixa de considerar, mas ela também sucumbe ao poder do negativo. Nesse contexto, a questão da separação entre as instâncias *self* e *ser interior*, que estamos propondo, torna-se vital para uma análise globalística das forças em jogo. Se não há a ação do *ser interior*, o *self* estabelece-se como um campo de conflitos e turbulências, de onde se extrai matéria-prima para toda espécie de destrutividade e selvageria.

Mutatis mutandis, o conceito freudiano de ego não se distancia, em seus princípios, do conceito de *self*, tal como o descrevemos. Nesse caso, a concepção freudiana de homem não deixa de ser problemática, por ser feita com uma parte faltante, relativa ao afastamento do ser. Fica excluída de consideração toda a complexidade das relações entre este e o *self*. A teoria freudiana do ego não se beneficia de todo o arsenal de possibilidades que tem o *ser interior* para a condução da vida psíquica, sendo uma referência fundamental. Quando ele ilumina o *self*, este deixa de ser uma figura pusilânime e desvitalizada, sujeita às variações dos impulsos, paixões e desejos. Com a preponderância do contato, a pulsão de morte torna-se abarcável pela órbita do pensar, havendo discriminações para o alcance de melhores possibilidades de construção da civilização e da cultura a partir de fontes internas.

Sigmund Freud foi pessimista ao sublinhar a predominância de um jogo de forças determinísticas, do que resulta pouca margem à liberdade, à mobilidade e à espontaneidade. Na própria constituição do indivíduo abre-se a tragicidade, na qual ele é "incapaz de assenhorear-se da própria vida" (PASTORE, 2015, p. 266). Nesse esvaziamento, prepondera a tendência ao inanimado, ao silêncio e à morte, que faz ressaltar a estranheza e o desamparo da condição humana. Se, na interioridade, se apaga a existência de um ser vivo a fecundar a relação com a vida, o ser humano equipara-se a uma marionete, impotente em face dos poderes cegos que o dirigem. Já observamos que essa concepção tem um longo percurso na história do pensamento, opondo-se à existência de um mundo vivo, encontrado por uma mente viva, sob a ação de um ser vivo. Ainda que Freud não se defina de modo tão radical quanto Lucrécio e Schopenhauer, é possível aproximá-lo desses autores pela ênfase na instintividade e na ação das forças elementares, pela relativa inoperância do princípio ordenador e pelo predomínio do nada sobre o que existe. A indistinção entre *ser interior* e *self* leva a que este seja representante das forças de vida, uma posição problemática, como vimos, mas coerente com um enraizamento na Vontade schopenhaueriana. Isso não deixa de fazer do *self* o que ele é: uma instância controvertida e multiforme, em que vida e morte se degladiam sem tréguas e os resultados são difíceis de se prever, pela dificuldade de distinção quanto à natureza dos combatentes. Daqui se torna compreensível uma teoria estribada na renúncia e no recalcamento, mas não se poderia afirmar que dela se extraem os fundamentos da alegria e da verdadeira realização. O prazer disponível é dado pelo princípio do prazer, não pela alegria de viver sob a experiência de ser. Fundamentalmente, um dos principais fatores que separa os pessimistas dos que não o são está em que, para estes, há uma realidade interna que responde pela harmonização e, assim, a civilização não é construída ao sabor das forças cegas e eventuais, enquanto que para os primeiros prevalece o papel decisivo do acaso num mundo beligerante e negativo.

É pensamento de Freud que, a partir dos instintos, da ferocidade, do egoísmo, da vontade de poder, da dominação e, enfim, de tudo o que há de elementar e primitivo na mente humana, se possa trabalhar e fazer o melhor possível para a construção da civilização. Não há motivos para se discordar. Contudo, se se considera a existência do ser de natureza não-sensorial, cujo centro é a vida e cuja finalidade é a harmonização, ao permitir que ele se manifeste, torna-se possível construir a civilização em bases totalmente diferentes daquelas que levaram Freud ao desencanto. Desde que seja alcançado certo nível de harmonização psíquica, é possível a construção da realidade social, não por imposição exterior, mas por natural expressão interior.[1] Para isso, a ordem de prioridade está na análise do *self* em seus meandros e comprometimentos, livrando-o de obstáculos e interferências ao contato da pessoa consigo mesma, de modo a fazer predominar na consciência as forças não-sensoriais, que são em princípio construtivas.

Se Freud foi considerado herdeiro de Schopenhauer, este compartilhou um rico legado com a modernidade, que se nutriu da força de seu pessimismo, mas também a relativizou. Como sabemos, Schopenhauer levou ao extremo a linha de pensamentos vinda dos sofistas, dos céticos, de Lucrécio, de Montaigne e de Pascal. Para ele, o mundo é somente representação e objetivação da Vontade, de que somos prisioneiros e escravos. Ela é a essência de tudo, que o ser humano "conhece intimamente, imediatamente e melhor que qualquer outra" (SCHOPENHAUER, 1941, p. 95). Partindo da auto-observação, ele encontrou o querer-viver de um *self* todo-poderoso e indomável, que foi guindado, numa generalização absoluta, à condição de lei universal. Com a ressalva, porém, de que se trata do *self* dominado e subjugado pela sensorialidade, mesclando-se com a Vontade autocrática, que não deixa espaço à

1 Para um desenvolvimento desse pensamento, cf. Trinca (2008).

liberdade, à autonomia e à fruição da vida. Além disso, a Vontade é expressão de um *self* submetido à constelação do inimigo interno (TRINCA, 2007, 2011), algo fundamentalmente hostil à vida, cujo poder imperativo perdura sem modificação na repetição infinita que se instaura. Sob o poder do *self* nessas condições, o ser humano é um títere: pensa que age por vontade própria, quando na verdade sua ação é motivada pela força maléfica que interiormente o domina. Daqui se origina e se expande o sofrimento que, tomado por Schopenhauer como medida para a concepção e para a avaliação dos seres em geral, se torna uma questão metafísica primordial. Ele propõe: qual é o sentido do mundo, se há sofrimento, destruição e morte em tudo o que existe? Colocada a questão, o ponto de partida passa a ser a manifestação do *self* sensorial, impregnado de destruição e morte, que transforma o sofrimento relativo em dor infinita e universal, longe de ser aplacada, contida ou evitada. Nem poderia haver autodefesa e embate contra o poder maléfico, visto que inexiste interiormente um ser livre e autônomo. Só existe esse *self*, uma peça de engrenagem instrumentada por forças antivida forçando ilusionisticamente o querer-viver.

Schopenhauer não concebe que a saída para a condição humana consiste em lidar com a mente, porque não encontra no interior desta recursos e possibilidades suficientes para o enfrentamento dos desafios e das vicissitudes. Uma saída é excluída, precisamente pela negação da existência de um ser, sendo este confundido com o *self* interferido ou obstruído pela pulsão de morte. O desejo, sendo equivalente à vontade, corre infindavelmente empós de outros desejos, cuja satisfação leva ao tédio. O que prevalece é a falta, não a inteireza. A inteireza do contato com o *ser interior*, estando ausente, é substituída e confundida no *self* com o desejo. Uma confusão que, ao ser eliminado o desejo, faz o bebê ser jogado fora com a água do banho. Equiparando-se o *ser interior* ao *self*, aquele é execrado juntamente com este. Na eliminação do desejo, a vida do ser, tornada detestável, provoca a lacuna de sua inexistência. Então, não há a alegria de existir, há o prazer sensorial duvidoso, condenável e tedioso ou, então, a angústia de passagem à inexistência. Tudo reunido vem constituir o *Véu de Maia* ilusório e enganador.

O pensamento filosófico de Schopenhauer é obcecado pelo desejo, na órbita da sensorialidade, mas também pelo esvaziamento que conduz à experiência de inexistência, solidão e falta. Ambas as situações resultam de um elevado distanciamento de contato com o *ser interior*. Este, como centro nodal da vida psíquica, deixa de estar no comando, e a vida, como experiência única, sucumbe ao nada. Um ser em cada indivíduo colocaria o desejo e o impulso a seu serviço, mas o *self* submetido ao distanciamento de contato é presa de desejos e impulsos cegos. O querer-viver cego, em Schopenhauer, corresponde a relacionamentos em que o contato realmente se dissipa.

Uma mudança de perspectiva consistiria, exatamente, em recolocar a existência do ser, e não a sua falta. Em vez de a existência ser atada à Vontade, na órbita do *self* sensorial, passaria ao plano do contato com o ser profundo. A Vontade estabelece-se como impulso cego sob o distanciamento de contato, mas deixa de sê-lo se houver o comando do *self* motivado pelo contato com esse ser. Na indistinção entre ambas as instâncias, o que Schopenhauer chama de ser é o *self*, tomado em âmbito passional e saturado de conflitos, sofrimentos e comprometimentos. Se não houver essa confusão, o *self* poderá ser compreendido como órgão de libertação das dores e turbulências, por intermédio da influência, presença e ação do *ser interior*, uma vez que este responde pela vida, insufla vida e dá sentido aos relacionamentos. O que Schopenhauer não inclui, a não ser marginalmente (ao apontar o papel da arte), é que a vida do ser, tomada em sentido não-sensorial, não se mistura com a sensorialidade do *self*. Em um atendimento psicanalítico bem-sucedido, torna-se possível separar o joio do trigo e proporcionar condições de maior contato do paciente com seu próprio ser. Daqui se segue a experiência de ter uma verdadeira existência, que pode se clarificar e se expandir, de modo a alargar e a aprofundar os vínculos com a realidade interna e externa, predominando a face rica, criativa e amorosa do ser humano. O conhecimento de que a libertação do domínio da Vontade se origina do princípio de vida, cuja natureza é não-sensorial, constitui algo em si mesmo revolucionário.

Não adotando essa perspectiva, Schopenhauer preconiza o aniquilamento da Vontade e a escolha do ascetismo como saída para a condição humana submetida e sofredora. A autoanulação segundo o princípio de nirvana, visto por Freud (1996c) como pertencente à pulsão de morte, recomenda o completo esquecimento da individualidade, o desligamento da vida e o autoabandono ao não ser. A renúncia e a resignação são medidas destinadas à evitação do sofrimento. O ascetismo, porém, ao se constituir em escolha, é a escolha da não escolha. Ela suprime o contato com o *ser interior*, mas também alcança os produtos sensoriais do *self*, tornando-se evasão da vida *lato sensu*. Nesse sentido, encontra paralelo no desligamento, no amortecimento e na inércia que descrevemos como sensorialidade produzida por corte e exclusão (TRINCA, 2011). Nas observações clínicas do psicanalista, a evasão da vida é uma ação eliminatória que causa grande sofrimento, e não tranquilidade. Ela contém em seu bojo o ataque aos vínculos, a abolição dos sentimentos, o afastamento de si próprio, a neutralidade amorosa, o apaziguamento no inanimado e o silêncio mortífero espalhado por tudo; em suma, é um deserto afetivo e emocional. Resultados parecidos encontram-se nas descrições da psicose branca, da esquizoidia, da supressão de emoções e, nos casos mais graves, da esquizofrenia. É necessário, porém, distinguir essa atitude mental, resultante da pulsão de morte, de outro tipo de experiência, que descrevemos como silêncio interior (TRINCA, 1991). Este não consiste na eliminação dos vínculos, e sim no alto grau de vibração com a vida, pela ligação não-sensorial da pessoa consigo própria e com o mundo.

No consultório psicanalítico, o paciente pessimista basicamente não difere em conteúdo do pessimismo schopenhaueriano, que considera o mundo um lugar de horrores. Por exemplo, um paciente, que tem atividades empresariais, foi enganado por um fornecedor. Diante disso, reagiu veementemente, gritando alto e ameaçando o fornecedor de modo violento. Este ficou assustado, enquanto o paciente sucumbiu a um universo de emoções negativas. Tudo no mundo lhe parecia mau, cruel e absurdo. Não encontrava mais nada de bom em parte alguma. Ao gritar com o outro, estava envolvido numa concepção de realidade negativa, que logo se voltou contra ele mesmo, por se considerar incapaz de lidar civilizadamente com a situação. Passou a sentir que o mundo era feito de coisas essencialmente más e ele, atacado por ódio e rejeição a si próprio, era um monstro desprovido de alma. Naquele momento, para ele, nada valia a pena, nem sequer a vida. Mergulhado num universo de sofrimentos, tudo se lhe afigurava sem sentido. Nesse ponto, não se diferenciava do pessimista sistemático, que absolutiza o negativo, sentindo-se no direito de atacar a significação da vida e colocar em questão a natureza do mundo. O paciente não se dava conta de que o ódio à realidade, comandado pela pulsão de morte, vinha antes de tudo, com o propósito de aniquilar a relação com a vida por meio de ataques mortíferos. Assim, absolutizando uma situação que em si mesma era relativa, passou a se desligar dos vínculos; em primeiro lugar, dos vínculos consigo próprio. Aqui, podemos confirmar que a destrutividade, apoderando-se da mente, tem por finalidade atacar a vida, criando autorrejeições e desvinculamentos. Tem carga suficiente para eliminar mentalmente a potência da vida criadora e a alegria de viver. Se lhe dermos o nome de Vontade, trata-se realmente de uma Vontade infernal. Em termos psicanalíticos, porém, sabemos que objetos mortíferos tomam conta do *self* e provocam esvaziamento em função da rejeição e do afastamento de contato com o *ser interior*. O *self* passa a ser comandado por um núcleo de virtualidades e de efetividades negativas por conta de ataques pelos objetos destrutivos. As vivências de aniquilamento e de vazio sobem ao primeiro plano, validando a inutilidade do todo universal. A mente, tomada pela destrutividade, constrói a desconstrução do mundo pelo vazio da presença do ser e pelo desespero da falta de sentido. Em termos schopenhauerianos, o sombrio precursor não recebe qualquer atenuação, qualquer mitigação em sua objetivação mundana. Salvo quanto ao papel relativo da arte, tudo se inscreve nesse funesto arcabouço original, que dá expressão e figurabilidade ao mundo.

A partir de um desalentador estado da mente, não é difícil fincar raízes filosóficas no niilismo. Se os conflitos psicológicos, as turbulências emocionais, os estados de melancolia e de desamparo são extremamente poderosos, a ponto de obscurecer a esperança na capacidade de superá-los, ficam excluídos todos os movimentos pró-vida, em um querer-viver totalmente negativo. Em vez do sim, há o não; da ordem, o caos; da vida, a morte; do ser, o nada. A perspectiva da vida passa a ser a morte, porque em relação àquela nada se salva. Sequer existe um ser-sujeito que vive uma vida própria. Há somente um *self* repleto de paixões, conduzido pela escravidão da destrutividade e do desejo insano, tendo por remate a infelicidade e a morte. O princípio e o fim de toda existência são sentidos como totalmente insensatos. Então, que seja o horror, a violência, o absurdo, o desespero e o nada!

Na continuidade da análise, o paciente aqui focalizado disse que acordava de um pesadelo emocional, confessando ter descoberto que havia deixado de considerar o outro lado da moeda. Ele sentia, agora, que existiam coisas ruins no mundo, mas também as boas. Não seria adequado ficar somente com as ruins. Sentindo desse modo, estava claro que tinha se envolvido demasiadamente com emoções não pensadas, em estado bruto. Ele poderia ter sido menos pessimista, se incluísse o lado favorável, em vez de se embrenhar em emoções obscuras, que lhe turvavam a visão das coisas. Afinal, o fornecedor do paciente acabou por reconhecer seu erro, propondo-lhe uma reparação. Além disso, a empresa ia bem e, apesar dos momentos de frustrações, os negócios evoluíam satisfatoriamente como um todo. Para ele, isso significava que, se o mundo tem duas vertentes, uma favorável e outra desfavorável, era necessário trabalhar interna e externamente para o predomínio da primeira.

Nesse paciente, presentificou-se o outro lado da vida, algo extremamente simples, que Schopenhauer parece não reconhecer ou, se o reconhece, não chega a dar um passo definitivo a fim de considerar os dois lados, em interação, de um processo único. Simplificadamente, ele faz uma disjunção excludente, deixando de realizar sínteses entre a pulsão de vida e a de morte; por isso, a ameaça destrutiva está sempre presente. Em vez do absolutismo da destrutividade, não seria mais apropriada a explicação pela luta dos opostos, como o fizeram Heráclito, Empédocles e Freud, entre tantos outros? Daqui poderiam surgir integrações e sínteses mais promissoras do que a mera vertigem dos abismos.

Sabemos que a mente em estado de desarmonia é capaz de criar infelicidade e transformar em catástrofe toda espécie de dificuldade. Havendo rompimentos nas bases de sustentação interna, o contato com a realidade tende a se tornar enviesado. Grande perigo é elevar os traumas, os dissabores e as frustrações à condição de valores universais absolutos, desfigurando o sentido totalizador da realidade. A mente pessimista geralmente traz *a priori* a exacerbação do negativismo, que faz rejeitar o empenho na obtenção da alegria possível e do encanto que poderia encontrar no Universo. A existência do sofrimento e da morte torna-se uma justificativa aos ataques contra a vida e à sua paralisação, em vez de ser um incentivo ao seu desenvolvimento, pela fruição do possível. A questão do sofrimento e o medo da morte são, antes de tudo, formas de relações da pessoa consigo mesma e com a realidade externa. Em estado de harmonização, a pessoa liga-se à vida, buscando a autorrealização, e não a morte. Isso significa que se trata de questões a serem encaradas, em primeiro lugar, pela integração mental, aproximando-se e apropriando-se a pessoa de si mesma. Tendo maior contato consigo, ela pode conceber a realidade de maneira ampla, em plano situado muito além de um *self* submetido cegamente à Vontade.

O querer-viver, sendo a Vontade cega, desbragada, cruel, autofágica e caótica, choca-se com a percepção do princípio de ordem e organização, que se encontra no mundo. O próprio Schopenhauer reconheceu nas Ideias a constituição de uma ordenação do mundo, em que cada forma de individuação corresponde a determinadas classes ou categorias, isto é, a uma inteligibilidade de ordenação. Ao mesmo tempo, para ele, essa ordenação é absurda e desprovida de finalidade. Entretanto, se o mundo é feito por ação exclusiva da Vontade, cujo querer-viver é totalmente destrutivo, não deveria ser o mundo, como a Vontade, igualmente desorganizado e caótico? Sendo ambos compostos da mesma substância, por que ele é, em certo sentido, organizado e harmonioso? A ordem que se encontra, por exemplo, no conhecimento das leis elementares e estruturais da natureza parece ser um forte argumento contra a teoria schopenhaueriana de cegueira, caotização e absurdez da Vontade. Mas ele manteve firmemente sua convicção de que a Vontade, essência íntima de todas as coisas, "só tem tendências cegas, surdas, unilaterais e invariáveis" (SCHOPENHAUER, 1941, p. 104). Sustentando que a morte é o único objetivo da vida, ele negou a existência de qualquer objetividade construtiva no Universo. Diferentemente de Freud, que torceu pela predominância da construtividade, Schopenhauer foi cético, vendo no turbilhão do mundo apenas motivos para horror. Segundo ele, não há duas forças opostas, mas uma só, na unidade da Vontade. Assim, a existência do Universo é constituída por um descomunal esforço em vista da destruição e do nada. Um niilismo que faz *tabula rasa in principio* de todo o sentido da vida e do viver.

Retomando o fio de nossas indagações, fica claro que a Vontade cega poderia criar um mundo igualmente cego, à sua imagem e semelhança, proliferando a individuação em completo desprezo pela ordem estrutural do mundo. Se fosse assim, não seríamos realmente capazes de dar sentido ao que em si não tem sentido. Mas, em Schopenhauer, não há o sentido do bem, há somente o sentido do mal total. Voltamos a insistir: Por que, então, o querer-viver se torna ordem e organização, para as quais tendem as manifestações fenomênicas? O simples fato de que são contraditas pela desordem e pela destruição não elimina, no querer-viver, o impulso em direção à organização e à estruturação. Seria absurdo que não existisse um querer-viver construtivo. Schopenhauer rejeitou a construtividade, porque esta contrariaria fundamentalmente a sua teoria de mal absoluto e de inferno total. Assim, o engano não é do mundo, é de Schopenhauer.

Simplesmente, o mundo necessita ser construído, antes de ser destruído. Para ser destruída, a natureza deve forçosamente ser construída e reconstruída. Não se trata da desordem total e da falta de sentido; é algo com sentido, ainda que, por vezes, predomine um sentido maléfico. Poderíamos nos perguntar: haveria sentido numa organização do mundo feita exclusivamente para o sofrimento? Os seres existiriam somente em função do autoaniquilamento da Vontade, num Universo semeado de sombras, espectros, indiferença, desfiguração e terror. Não é isso, porém, o que se constata normalmente pela observação e pela experiência. O que se verifica é aquilo que Schopenhauer não aceitou: o predomínio da construtividade sobre a destrutividade. Se ele aceitasse os dois lados da moeda, a construtividade seria um fator que, na balança, poderia se sobrepor, e isso constituiria um golpe mortal contra a homogeneidade de sua teoria. Daí, a sua visão monocular, em vez de binocular.

Caso haja somente a criação automática dos seres a serviço da destruição, por que, amiúde, a natureza chega a atingir níveis surpreendentes de beleza, harmonia e esplendor? Se age uma força única de cunho puramente destrutivo, qual é a necessidade que faz alcançar culminâncias de organização, harmonização e magnificência? Por que o Universo é repleto de leis e processos regulares, em vez de ser apenas um disparate? Como é possível que essa Vontade cega e absurda tenha podido construir uma obra tão requintada, majestosa e extraordinária, de tal modo que, como totalidade, se torna incompreensível à mente humana? A resposta parece ser que a Vontade não é senhora absoluta do mundo, e sim a parte que opera a destruição. Ela jamais está em função da criação. Mas isso faz recolocar a questão da predominância: é evidente que, muitas vezes, predomina a construtividade sobre a destrutividade, tanto na mente humana quanto no Universo, por isso não é difícil encontrar a ordem, a estruturação e a harmonia. Se, em princípio, houvesse somente forças destrutivas, o Universo não mostraria o que mostra, nem chegaria a ser o que é. Ainda que, por vezes, predomine a destrutividade, é necessário haver construtividade a fim de que aquela possa se manifestar. Desse modo, pode-se encontrar, também, a realização e a alegria dos seres em seu amor à vida.

Quarta parte
O horizonte da superação

11. Vida e morte: princípios irreconciliáveis?

Efetivamente, o mundo traz em seu bojo a polarização entre as forças de vida e de morte, de tal modo que possibilita uma visão unilateral e horrível, segundo a qual a perspectiva destrutiva é a única a se considerar. Já assinalamos que a oposição e a luta dos contrários está presente na filosofia de Heráclito de Éfeso (1964, p. 77), que afirmou ser "a guerra o pai de todas as coisas", mas também em Empédocles (1964, p. 123), para quem "em todas as coisas, a reunião engendra e mata; de outra perspectiva, a desunião cresce e se dissipa". A tragédia da existência é colocada na presença dos princípios de construção e de destruição quando o segundo predomina, transformando o primeiro em ilusão, logro e mentira. São princípios primordiais ou forças elementares que atuam no Universo e respondem pelo fato de haver criação e decomposição, expansão e retração, organização e desorganização, amor e ódio, atração e repulsão, caos e ordem, vida e morte. No panteão hindu, a vida universal é representada por Shiva, um deus simultaneamente criador e destruidor, cuja dança cósmica movimenta o mundo. A força primordial que anima a vida é responsável pela criação e está presente em toda parte no Universo, mas há algo terrível no seio deste, que luta contra sua construção e opera em favor de seu aniquilamento. A vida do ser concorre com o aniquilamento do ser, em alternâncias que não se esgotam. O germe obscuro da vida não é somente criação, é igualmente destruição e sofrimento nos atos de criar e de dissolver. Nessa separação fundamental, o mundo como lugar de vida sofre continuamente os efeitos contrários da decomposição, da dor e da morte. Nem sempre, porém, essa distinção é concebida como dualidade. Em Anaximandro (c. 610-c. 546 a.C.) encontramos um único princípio móvel, o infinito, que, ao formar o mundo, separa no movimento eterno as forças contrárias, de que se originam a criação e a destruição. A concepção judaico-cristã coloca Deus no centro da criação, sendo o diabo apenas uma contraforça antitética criada para dar sentido à imperfeição do mundo. Importa sobretudo considerar as condições existentes no mundo, em que os processos universais estão aí como dados primordiais, nos quais a realidade se revela em sua profundidade alternadamente terrorífica e tranquilizadora.

O embate primordial entre as forças de vida e de morte encontra correspondências e expressões na mente humana, refletindo-se sobre a organização e o funcionamento do *self*. Isso significa que o ser humano é constituído da mesma contradição que existe em geral no Universo. Em sua interioridade atuam forças poderosas que, por um lado, dão expressão à vida universal particularizada em cada ser e, por outro, forças que operam contra a vida e se voltam ao seu aniquilamento. O *self* é a instância psíquica onde se dão os embates, e aquilo que predominar como resultante responderá pela natureza e pela qualidade de seu continente e de seus contidos. O ser humano passa a ser um espelho no qual se refletem, *mutatis mutandis*, os processos naturais de âmbito universal. Na psicanálise, essa questão é estudada na categoria das significações dos relacionamentos do indivíduo consigo próprio e com o mundo sob o prisma das pulsões primordiais de vida e de morte, como propõem Freud e Melanie Klein. Aqui se abre um imenso leque de possibilidades de análise, que inclui a existência das fontes inesgotáveis do desenvolvimento humano, ao lado dos abismos a que a humanidade se lança nos desfiles intermináveis de destruições, crueldades e horrores de todo tipo.

Embora seja inquestionável o poder inconsciente da pulsão de morte, ela é uma noção controvertida, sendo difícil encontrar para ela consenso na psicanálise. Trata-se de uma formulação muito ampla, que abrange situações variadas, algumas das quais contestadas do ponto de vista teórico. Contudo, pensamos que se mantém como um importante pensamento global a respeito da condição humana. Como a prática psicanalítica necessita estar além dessa problematização para se tornar eficaz, nossa ênfase se coloca aqui numa forma de manifestação clínica da pulsão de morte, denominada constelação do inimigo interno, que está presente na maioria das perturbações psíquicas e transparece a todo momento nas atividades de análise, e não somente como constructo teórico. Na constelação do inimigo interno, a pulsão de morte assume uma face visível e uma estruturação identificável, que definem a presença de um princípio ativo de destruição da individualidade e de tudo o que impele os processos de desenvolvimento, crescimento e expansão. Sua linha de base em comum são os vários tipos de ataques, seja à realidade interna ou externa, que se voltam contra toda forma de vida, especialmente contra o *ser interior*. Por meio da observação das atividades da constelação, a prática clínica delimita os componentes e torna operacionalizável as formas de se lidar com a força mortífera abrigada na interioridade. A multiplicidade dos elementos aparentemente dispersos é agrupada num conceito unificador, que permite examinar sua interação com os demais fatores constantes do modelo aqui apresentado.[1] Entre outros aspectos, esses elementos se compõem de destrutividade sádica e antissocial, superego taliônico e primitivo, ataques aos vínculos, ódio à realidade interna e externa,

1 Cf. a segunda parte deste livro.

autoinveja e autodestrutividade recorrente sob inúmeras formas, especialmente aquelas que têm por desfecho ataques voltados contra o ambiente externo. Na verdade, a ênfase é posta num fator nodal, cuja ação intensiva não só solapa e causa rupturas nas noções de si mesmo, como exerce protagonismo sobre a descrença, a rejeição e a eliminação de toda forma de humanidade, de bondade e de amor. Nele se concentra uma das principais fontes do sofrimento humano.

É forçoso considerar que não se trata simplesmente de predomínio dos impulsos destrutivos em função do afastamento dos impulsos construtivos. Há, de fato, uma atividade categórica, que se endereça ao aniquilamento de toda relação com a vida, criando antagonismos contra a obra construída, que inclui a beleza, a ordem e a harmonia do mundo. As frustrações, os dissabores e as vicissitudes da vida e do viver são motivos suficientes para demonstrações de desdém, repulsa e ódio a toda forma de existência, levando à perda de sentido e ao sentimento de absurdo em relação à constituição do mundo real. A constelação do inimigo interno, em sua função primordial de invalidar o princípio de vida, ataca antes de tudo a vida do próprio ser. Por meio do enfraquecimento ou do aniquilamento da individualidade, são perpetradas novas ações destrutivas, que implicam desconstrução das relações com a realidade externa. A dinâmica da constelação não consiste apenas numa forma de desorganização e de ódio intempestivo. Há, efetivamente, a formação de um núcleo de inviabilização da pessoa como tal, que se sustenta num alicerce formado por autodescréditos, autodesclassificações e autoinvalidações de todo gênero, cujos resultados descambam para o distanciamento de contato com o *ser interior*. Haveria outros fatores para o distanciamento de contato, mas a constelação se coloca como fator prioritário, em especial para a efetivação das psicoses. Também, não se poderia dizer que a atuação da constelação seja cega, inercial ou inconsequente, porque, ainda que inconsciente, é dirigida diretamente contra todas as formas de vinculação, dentre elas o amor à vida. Ao atacar a existência do ser, ataca o centro que responde por toda vinculação. Assim, ela é um foco antivida instalado na interioridade e a razão da oposição ao querer-viver positivo. Por esse motivo, é possível afirmar que os ataques praticados pela constelação têm por substrato e propósito os ataques contra a vida em geral, tomada como princípio e como fim.

Ao aprofundar-se o distanciamento, por conta da intensificação dos ataques, é provável que surja uma angústia imensa e insuportável, que já mencionamos, derivada do estado de esvaziamento implantado pelo afastamento das forças de vida. Esse conflito vem dar credibilidade ao sentimento de inexistência, representado por solidão, tristeza e vácuo mental, correspondentes à dificuldade ou à falta de contato da pessoa com o próprio ser, seguidas da impossibilidade de retomá-lo ou de lançar mão dos provimentos do *self* pela sensorialidade. Se fosse possível instalar-se a sensorialidade, a angústia tenderia a desaparecer, mas tornaria a personalidade menos verdadeira, ao se repletar de elementos concretistas, como sabemos. Vimos que isso ocorre, por exemplo, na indiferença ao ser humano e à natureza, na coisificação, na possessividade, na drogadição, na delinquência, no narcisismo, no transtorno obsessivo-compulsivo, na paranoia e na depressão psicótica. Nessas manifestações, como em muitas outras, se podem encontrar as raízes da destrutividade, comandada pela constelação do inimigo interno. A negatividade campeia, sendo impossível dissociar grande parte das perturbações psíquicas dos ataques da constelação e do consequente distanciamento de contato.[2] Isso vem indicar que alguma coisa não funcionou bem no relacionamento primário do indivíduo, restando sequelas e faltas básicas a serem preenchidas justamente na área da experiência de autorreconhecimento. A experiência básica e elementar de presença do ser não deixaria espaço em aberto para o predomínio da força

---

2 Para um aprofundamento, cf. Trinca (2011).

mortífera. Esta se instala, se mantém e se movimenta por insucesso de afirmação da potência de vida.

O *self* é afetado de várias maneiras, quando incide sobre ele as forças de morte. Não raramente, encontra-se um *self* assujeitado pela constelação e, nesse caso, ele age a serviço desta, quer sob o domínio da sensorialidade ou da fragilidade. São situações em que um poder devastador se impõe, vindo a assumir os comandos do *self*, que se torna repleto de objetos rejeitadores, estragados, assassinos e cruéis. O indivíduo, tomado em seu íntimo, sente-se arruinado, miserável e desesperançado. Foi isso que levou Hoffmann (1966, p. 149) a escrever esta bela página:

> *Pois acreditas, meu caro Natanael, que as almas alegres e ingênuas não podem ter o pressentimento de um poder contrário e misterioso, que se diverte em nos desgraçar, destruindo a própria essência de nós mesmos? Existe um misterioso poder dentro de nós, que nos envolve perfidamente em suas redes, com o fim de nos arrastar por um caminho fatal e perigoso, que não percorreríamos no estado normal. Para existir, tal poder é obrigado a assumir forma análoga à nossa, é obrigado a tornar-se o nosso próprio eu, pois somente assim lhe concedemos, dentro do nosso coração, o lugar que ele necessita para iniciar o seu trabalho secreto. Se o nosso espírito está de tal modo fortalecido pela experiência – que reconhece toda e qualquer impressão estranha e funesta, e é capaz de continuar serenamente no caminho escolhido pelas nossas tendências e pela nossa vocação – esse poder misterioso deve, fatalmente, sucumbir. Inutilmente se esforçará por tomar forma determinada o reflexo – digamos assim – do nosso retrato num espelho.*

Bion (1981) notou que a pessoa comandada pela força mortífera é impelida e forçada a viver contra sua própria vontade. A força cega e estranha, como a Vontade em Schopenhauer, obriga-a a viver à sua revelia, *urge to exist*. Ela usa a pessoa, destinando-a à infelicidade, à dor e ao suicídio, por não admitir concessões à fé na vida, à construtividade, à alegria e ao amor. A quem se torna um joguete, viver constitui uma tarefa ingrata e penosa, da qual deve se desembaraçar. O querer-viver imposto de fora, excluindo o indivíduo de ser senhor de si mesmo, é uma função puramente maléfica. Forças rudimentares e caóticas, indiferentes ao ser humano, tomam a mente de assalto, fazendo do *self* um receptáculo, na ausência de efetiva ação do *ser interior*, que se acha em grande parte na oclusividade. A pessoa, convencida de sua maldade, de sua inutilidade e de seu fracasso, já não existe por si mesma, vive como uma sombra, recusando-se a defender-se e a lutar contra a sina que a subjuga. E, no entanto, causa uma angústia intolerável e uma desdita infinita, o monopólio da mente escravizada e impotente.

No atendimento psicanalítico, a vivência dos pacientes é, por vezes, de que tudo o que existe é malfeito e desinteressante ou, então, simplesmente maléfico e prejudicial. No Universo, tudo se constitui em grande porcaria, não valendo a pena a dedicação à vida. Esta em si mesma é nada, não serve para nada, sendo totalmente desprovida de sentido e valor. Qualquer relacionamento se torna inexpressivo e sem substância. Se tudo o que existe não vale um centavo sequer, também não merece momentos de consideração nem de reflexão. Melhor seria não ser: o autoabandono por meio do esquecimento, do desligamento e do nada, em que a angústia pode ser evitada ou escamoteada. No fundo, o que subsiste é a fascinação pela morte. O grande triunfo da constelação do inimigo interno é fazer o paciente crer que a autopercepção de si como ser não requer atenção, nem deve ser procurada ou levada em conta, porque, confundido na saturação do *self* pelas forças mortíferas, o *ser interior* é sentido como sede de coisas maléficas; assim, a angústia decorrente do distanciamento de contato é tomada como algo estrutural, inevitável e definitivo. Dessa perspectiva, tanto a experiência de estar vivo quanto o bem-estar e o amor são encarados como logros, falsidades e quimeras. Resta dizer que esse processo está presente de modo inconsciente em grande número de pessoas, pronto a se ativar em face das dores, das frustrações e dos reveses da vida.

Temos visto que lidar com a mente se torna uma função primordial. Na história humana, há um longo percurso de luta contra a dor mental, tendo em vista a exigência de ordem na mente. Isso se percebe claramente em diferentes concepções filosóficas. A psicanálise, como campo de observações clínicas, volta-se especialmente ao conhecimento dos fatores que desempenham papéis significativos no sofrimento psíquico. Este livro constitui uma tentativa de pôr em evidência alguns desses fatores, no âmbito que temos denominado de Psicanálise Compreensiva.[3] Se do caos nasce a ordem, esta se faz pela consciência da dinâmica psíquica. A desimpregnação da mente, seja dos excessos de sensorialidade ou de fragilidade, constitui um fim visado para a superação dos "fenômenos inferiores da Vontade", de que fala Schopenhauer (1941, p. 151). A superação não consiste somente na busca e no empenho em favor da capacidade de amar; esta é consequência de outra superação: a libertação do entulho mental, pela transformação deste em conhecimento. Isso significa tomada de consciência a respeito de tudo o que satura, contamina, turva, condiciona, apequena, oprime e prejudica a mente, de modo a libertá-la de interferências e obstruções. A limpidez de espírito depende do nível de conhecimento alcançado, especialmente da destrutividade. Normalmente, o espírito tende a se tranquilizar por inteiro ao tomar conhecimento do problema que se apresenta. Ao

3 O leitor poderá consultar uma trilogia a respeito do assunto em Trinca (2007, 2011, 2016).

aquietar-se, é possível que o investimento libidinal se concentre no contato com o *ser interior*, que se manifesta como referência e guia na interioridade. Pode ocorrer a passagem da turbulência e da violência para o domínio da não-sensorialidade e para o conhecimento de uma realidade mais profunda e abrangente. Na prática, isso se verifica por atenção, focalização, análise e descoberta. Primeiramente, por saber que se está condicionado e dominado por sistemas e padrões mentais que implicam ódio, medo, desejo, inveja, competição, preconceito, destrutividade etc. Depois, por verificação do contraste e do desacordo de tudo isso em relação ao ser profundo. Lidar com a mente significa, também, estar consciente de que velhos sistemas e padrões não se superponham nem eclipsem o aprender com a experiência na dinâmica da vida. Esta traz em seu bojo a manifestação inesgotável daquilo que, em sua infinitude, tem tudo a oferecer à mente humana.

Com o que habitualmente o psicanalista se depara em seu trabalho? Na difícil arte de viver, a constelação do inimigo interno é o ponto capital. Estando o *self* dela impregnado, qualquer faísca serve de estopim para grandes incêndios e destruições. Dentre todos os fatores causadores de infelicidade, o mais importante é, sem dúvida, a constelação. Ela determina uma atitude geral perante a vida e a uma visão de mundo em cujas bases está a violência. Por isso, ao psicanalista incumbe o propósito de trazer à consciência a atuação e os resultados catastróficos da constelação. Ela representa o lado negro e caótico da existência humana que necessita ser posto à luz, desde o primeiro momento em que o paciente comunica sentir-se farsante, medíocre, miserável e fracassado. Quando há infelicidade desproporcional e alastrada, o psicanalista busca, em primeiro lugar, os modos pelos quais o paciente se ataca. Sabemos que, na função de se atacar, ele tende a levar de roldão sua relação com toda forma de vida, seja interna ou externa. Aflições, esgotamentos, doenças físicas e mentais e, mesmo, envelhecimento precoce e morte prematura podem ser produtos comuns dos sistemas de ataques à vida, onde quer que ela esteja. Os sintomas mais frequentes manifestam-se por paralisação e deterioração das atividades produtivas. O paciente gostaria que a realidade não lhe trouxesse dissabores, frustrações e sofrimentos. Descarta a validade da vida, porque nela há falhas, imperfeições, destrutividade, coisas ruinosas e horríveis. Desiste de levar adiante suas obrigações porque é contrariado por perdas e derrotas. Insurge-se contra as injustiças do mundo, em vez de trabalhar pela melhoria das condições existentes. Revolta-se pelo fato de ter que construir sua vida por conta própria, e assim por diante. Nessas condições, os vínculos são os primeiros elementos de ligação a serem atacados, tanto no mundo externo quanto no interno. Tudo parece ser uma grande farsa, nada é realmente bom, belo, justo, verdadeiro, fecundo e criativo. Os ataques tornam-se globais e voltam-se contra toda espécie de sustentação amorosa, incluindo o amor à vida. Na tendência ao vazio dos vínculos, encontram-se ataques ao *ser interior*, ou seja, ao centro de estabilização geral. Por vezes, um paraíso é prometido pelo desligamento sistemático e generalizado, em que cessariam todas as dores e infortúnios pela supressão da capacidade de sentir. De fato, se o ser é tido como maléfico e rejeitável, o paciente tem preferência pelo distanciamento de contato. Como vimos, é uma situação na qual, em graus, no lugar da experiência de existência, permanece o vácuo da inexistência ou, então, o *self* é habitado pela sensorialidade. Nesse ponto, tende a ser abandonada toda experiência de lidar com a mente, que se encontra saturada daquilo que Bion (1966) chamou de elementos-beta. Em consequência, ao contrário da cessação do sofrimento, surgem novas formas de angústias, especialmente a angústia de dissipação do *self*.

Até aqui, acompanhamos o desenvolvimento de um processo em que, para o paciente, só existem maldades, seja nele próprio, seja espalhada por tudo, sendo essa a emoção que predomina. Na verdade, ele se enreda e se abisma em sua própria lógica, que consiste na desfiguração da realidade. O fato de a vida conter aspectos desfavoráveis não elimina a constatação de que ela proporciona aos seres condições de existência, realização e alegria. A verdadeira tragédia do paciente está em apoiar-se na negatividade e, assim, absolutizar o relativo. Quando essa situação se instala e se estende, caminha-se diretamente para um beco-sem-saída, não havendo soluções simples para os problemas da vida e do viver. Catastroficamente aderente ao próprio prisma, a mente torna-se prisioneira da pulsão de morte, que a convence da inexistência de alternativas aos sofrimentos e às dores do mundo. Desse modo, conta somente o sentimento incrustrado de que a realidade é defeituosa, maléfica, cruel e detestável, nada havendo de bom neste mundo.

Que fazer? Normalmente, o psicanalista aguarda um momento favorável para denunciar o sistema global, a fim de contar com a clareza do paciente na luta contra as adversidades. O fundo do problema consiste em haver ataques contra as falhas, imperfeições e injustiças que frequentemente não se podem negar, mas eles trazem o viés de ter por alvo o contato com o *ser interior*, que é confundido com as fontes dos sofrimentos e envolvido na negatividade geral. A solução está, fundamentalmente, no conhecimento e no enfrentamento dos efeitos da pulsão de morte, de modo que o ser profundo se discrimine de outros componentes do *self* e o contato se restabeleça. Para isso, é essencial que o paciente consiga ter a experiência de si, que decorre da noção de si em nível consciente. Caso contrário, continuará a confundir no *self* os produtos da constelação com o foco de existência própria, não tendo meios de defender-se dos ataques. Neste caso, é mais provável que se considere vencido. Contudo, assim como há na mente forças e componentes destrutivos, há o sentido íntimo e indestrutível de inteireza, organização e harmonia, que respondem pela tendência à ordem, à beleza e à construtividade. Esse sentido existe em princípio, mas sua realização permanece problemática, sendo necessária uma análise profunda das relações entre o *ser interior* e o *self*, a fim de que ocorra. Sabemos que um mal-estar exacerbado corresponde ao mergulho que o paciente faz na composição autodestrutiva da mente, de tal modo que, engolfado, ele se torna refém da situação que o condiciona. Caso a mente esteja límpida por depuramento de interferências sensoriais e impregnações de todo tipo, as condições para o conhecimento realizam-se em inteira propriedade. A plenitude da vida humana baseia-se fundamentalmente na vida do *ser interior*.

Se tudo correr bem, com o prosseguimento da análise, o paciente obtém domínio sobre as emoções originárias da destrutividade, que obstruem sua capacidade de pensar. Ele chega a compreender que a reversão dos ataques contra si mesmo tende a livrar o *self* do esvaziamento, assim como da sensorialidade, por predominância de condições não-sensoriais e afastamento das fontes primarias dos distúrbios. Desse modo, não pairam dúvidas de que, em face da constelação do inimigo interno, o que ele pode fazer é, primariamente, estabelecer ou restabelecer contato consigo próprio, no sentido de se sentir inteiro como ser, estando de posse de si mesmo e no comando de sua vida. Uma vez alcançado esse ponto, as relações que se descortinam e se realizam são totalmente diferentes das relações fragmentárias, dadas pelo *self* distanciado do *ser interior*. A consciência de si vem oferecer novas condições para as relações com os significados do mundo.

12. A paixão de vida

Há na psicanálise um destaque dado à polarização dos opostos, representados pelas forças de vida e pelas forças de morte. De modo geral, a evolução dos fenômenos mentais depende da posição das forças antagônicas, considerando-se que se aloja na interioridade humana o mesmo princípio básico que se apresenta na natureza, composto por forças primordiais de organização e desorganização, concórdia e discórdia, criação e decomposição, vida e morte. Os dois lados da mente correspondem aos dois aspectos fundamentais da natureza. Na própria constituição do mundo interagem a feiura, a ruína, a crueldade e o caos com a beleza, o florescimento, o amor e a harmonia. As forças antitéticas não são, porém, desprovidas de sentido nem de finalidade. Elas existem para dar nascimento, manter, movimentar e fazer evoluir os fenômenos. Em Heráclito de Éfeso (1964, p. 74), vimos que não se encontra somente a luta dos opostos, mas "a bela harmonia que nasce da luta". Os niilistas e pessimistas parecem ignorar a necessidade da contradição e minimizam a função criadora, benéfica e propulsora. Como sabemos, eles dão ênfase à destruição e ao aniquilamento em todos os planos da natureza, da vida e do Universo, sublinhando a injustiça, o mal, o sofrimento, o horror, a desesperança e a morte. Orquestram ódio contra a vida, ainda que este não seja claramente consciente e explícito.

A uma consciência imparcial, que não esteja afetada pelas contaminações do *self* saturado de sensorialidade ou impregnado de esvaziamento e angústia, a visão radical de um cosmo totalmente desfavorável, iníquo e danoso não passa de viés. Desse viés compartilham grandes filósofos, como Arthur Schopenhauer e Eduard von Hartmann (1842-1906).[1] Eles conceberam o mundo construído praticamente sob a impossibilidade de superação dos conflitos, turbulências e sofrimentos, onde imperam as forças tenebrosas da iniquidade sem a justiça, do desamparo sem a proteção, do desamor sem a afeição e da maldade sem a bondade. É obvia a constatação de que a vida se consome e se acaba de modo por vezes cruel, a violência espalha-se por toda parte e a natureza se torna de quando em quando cega e indiferente. Isso faria legitimar todo ataque à bondade e toda convicção em que a natureza é completamente execrável? Se a ênfase é colocada naquilo que se dissolve e se acaba, e não naquilo que se cria e se desenvolve, todo o trabalho de construção fica minimizado ou posto em xeque. Já vimos que daqui se nutre o engendramento do negativismo, o ódio à realidade e o afastamento da relação com a vida. Furtar-se à vida é um dogma por excelência das concepções filosóficas que, levadas às últimas consequências, fariam extinguir toda forma de construtividade ancorada no ser humano. Como, apesar do sofrimento e da morte, ultrapassar a destrutividade e conceber que o mundo é, também, lugar de construtividade e amor? Embora o sofrimento e a maldade não possam ser totalmente erradicados da situação humana e do plano geral da natureza, é certo que absolutizá-los faria excluir todo ato de amor e suprimir toda a fé

---

1 Em seu livro *Filosofia do inconsciente,* Hartmann trouxe a ideia de um inconsciente impessoal que move o mundo, tendo por finalidade a catástrofe e o aniquilamento total.

na vida. Se não há possibilidades de abolir totalmente o sofrimento e a maldade do mundo, há efetivamente meios de lutar contra eles, evitá-los, minorá-los, afastá-los e, muitas vezes, eliminá-los. O fato de existirem não legitima a tese da malignidade absoluta, que nos colocaria em completo desterro relativamente ao amor à vida.

Se o pessimismo não é superável pelo otimismo, ele o é por uma visão ampla da vida. Somente uma noção de conjunto, que englobe um processo geral, constitui antídoto suficiente ao unilateralismo e ao radicalismo. Qual é a natureza dessa obra grandiosa, dessa música colossal de acordes dissonantes e harmoniosos, que mal chegamos a compreender? No Universo, a vida impõe-se apesar dos antagonismos, adversidades e destruições. Admirável e espantosa é a afirmação da vida: ela nasce quando do conflito e da luta surgem condições favoráveis ao seu desabrochar. Se, como vimos em Heráclito (*apud* DIÓGENES LAÉRCIO, 1964), a criação realiza-se pela luta dos contrários, o conflito deixa de ser insuperável, desde que ocorram sínteses nos processos de vir a ser. Justamente porque no Universo tudo está em processamento, determinando o aparecimento ou não das condições indispensáveis à vida, o sofrimento não pode ser evitado, visto que a desarmonia faz parte do processo, embora no conjunto a vida se afirme sobre as vicissitudes. Quando o sofrimento se instala, é que houve rompimento do estado de harmonia, ou este ainda não foi alcançado e talvez não o seja jamais. De qualquer modo, o movimento perpétuo de renovação, em que a vida se afirma, depende de haver lacunas, destruições e mortes, assim como o crescimento e a evolução estão sob a contingência de falhas e faltas. Caso contrário, não existiriam possibilidades de transformações, nas quais a vida se impõe como tal e tenta obter sua plena realização.

Nos estados negativos não há propriamente desvio dos propósitos originais da vida, porque ela se esforça precisamente por encontrar meios de efetivar a sua evolução. Se ela consiste nos movimentos de transformações, podemos acompanhar a evolução de cada fenômeno vivo até o atingir de sua inteireza e, em níveis mais elevados, de sua harmonia. Ou seja, podemos ter a experiência da evolução do próprio fenômeno, até este alcançar níveis de desenvolvimento suficiente para a sua harmonização. Essa evolução é uma conquista realizada sobre os antagonismos, as dissonâncias e os reveses. Certamente, é o que fez Spencer (*apud* FARIAS BRITO, 1957, p. 33)[2] afirmar que "há sempre uma alma de bondade nas coisas más, do mesmo modo que há sempre uma alma de verdade nas coisas falsas", estando na dependência dos níveis de evolução atingidos. Pode-se dizer que a maldade contém a bondade que não conseguiu alcançar sua plena expressão, sendo que a segunda poderia nascer da primeira, se houvesse suficiente evolução. Não significa que o mal seja simples ausência do bem, e sim que este não obteve condições de evolução sobre aquele, a fim de poder se impor. Nesse caso, o mal triunfa por deficiência ou ausência de efetividade evolutiva do bem. Se a vida canta sobre um fundo de horror, este existe como tal, mas a evolução se processa sob forma de busca da harmonia. No plano humano, a destrutividade antissocial, por exemplo, corresponde ao distanciamento de contato com a inteireza e a harmonia do próprio ser, que não chegaram a alcançar realizações, restando déficits na personalidade (TRINCA, 2011). Sabe-se que a mente não é totalmente cega e indiferente, se houver contato suficiente com as raízes da existência: o *ser interior*. Da mesma maneira que na mente, há no Universo princípios que se impõem para a afirmação e a continuidade da vida, cujo processamento tende à harmonização.

Se a natureza tende a evoluir do caos à harmonia, nesta sempre permanece em potencial o princípio do caos. A dinâmica da vida exige em sua base a constância da construção e da destruição

---

2 Herbert Spencer (1820-1903), filósofo inglês, explica a evolução dos seres pelo aumento da complexidade: dos estados indefinidos e homogêneos aos estados organizados e heterogêneos.

perenes, que dão continuidade à renovação e à evolução. Do mesmo modo que, no ser humano, o *self* aloja a pulsão destrutiva, na natureza coloca-se a necessidade do mal, da dor e da morte como condição de superação da imobilidade e da homogeneidade e, portanto, como função da vida que se dinamiza. Morin (2017, p. 56), citando Prigogine, relembrou a lei dialógica da complementaridade dos opostos: "é desintegrando-se que o universo se organiza". Mesmo atingindo sua plena florescência, a inexorabilidade da corrosão, do envelhecimento e da morte impele os fenômenos em direção à sua substituição, que tem o sentido da renovação. Eterniza-se, porém, a dança da criação e da vida, o rítmico pulsar do todo. Além da claridade do dia permanece a tenebrosa noite, invadindo o reino de Apolo, mas o dia só pode provir da noite, o presente do passado e a criação das cinzas da destruição. No fluxo perpétuo, para que se renove e continue, é preciso que se acabe o que existe.

No contexto global, impõe-se a lei de predominância da construtividade, que implica haver Universo em vez do nada. O Universo subsiste por superávit das forças construtivas. A evolução, embora não seja retilínea, consegue níveis sofisticados de organização. O fato de a vida predominar sobre o nada é em si mesmo significativo, porque determina o que é importante para a natureza: que haja vida e esta se expanda. O antagonismo não a elimina no todo, de tão fortes que são suas raízes. Num Universo heraclitiano, importa que haja resultados bem-sucedidos, que justifiquem todo o empenho dos processos colossais de vida e morte, sob a predominância das forças de vida. Dessa perspectiva, a vida pode ser avaliada pelo que promete de superação dos sofrimentos e dificuldades, e pelo que alcança de bem-estar e alegria, que são naturalmente suas funções. A matéria inerte jamais teria o desenvolvimento que teve se seus procedimentos não fossem construtivos. Nisso se incluem a consciência que temos de nós próprios e do mundo, a descoberta da realidade e a experiência da felicidade.

Não é necessário ser adepto do finalismo para a percepção de que a natureza, a vida e o Universo têm o dom da autoperpetuação e põem no fenômeno vivo a expressão natural e mais evidente da criação, manutenção e evolução dos seres. A vida universaliza-se e, ao mesmo tempo, individualiza-se no ser que habita a interioridade de cada um. Assim, o Universo torna-se uma colossal e majestosa sementeira de fertilização da vida, um nicho de criação e florescimento de todos os processos que conduzem a ela e uma garantia de todas as possibilidades de ela vingar e de se desenvolver. Mais do que isto, as benesses da vida estão aí para dar oportunidade a que cada ser vivo possa usufruir da gratuidade que, em princípio, lhe é oferecida, fazendo o melhor possível para a autoconstrução. Dentre os princípios primordiais, a vida impõe-se de modo irredutível. Tudo parece ser feito para ela; sem ela, nada teria significação. Ela é indissociável da existência de um ser e, neste, da alegria de sua realização.

Desse modo, pode-se reconhecer a força primordial do querer-viver universal como expressão de vida. Se o Universo se bate em prol da vida, é que ele "quer viver", ou seja, a vida "anima um formidável querer-viver, simultaneamente no indivíduo e na espécie, que os faz lutar permanentemente contra a morte e inventa a reprodução", segundo as palavras de Morin (2017, p. 69). Se existir constitui o bem supremo, os seres vivos convergem para uma existência saudável, qualificada e aprimorada. No indivíduo, trata-se do querer-viver em consonância com o ser e, sendo intrínseco a este, o querer-viver não provém de fora como imposição, mas é manifestação da própria vida, que não é outra senão a vida universal, indissociável da vida individual. Nesse caso, o indivíduo não é representante do todo, e sim é a vida do todo que está nele e, como expressão do todo, ele responde individualmente pela vida do todo, que se apresenta nele como um fato irredutível. O querer-viver estabelece-se como verdade universal presente como todo na verdade individual, sendo impossível dissociá-lo do ser e, portanto, fazê-lo vir de fora deste como um submetimento.

O sentimento de participar dessa força imensa chamada vida depende do contato com as fontes profundas do ser. O contato pode revelar a vida do ser, que inclui, como vimos, inteireza e harmonia, desde que se afastem os obstáculos, as interferências e haja limpidez no *self*. Se, como diz Alain (*apud* MONTENOT, 2013, p. 43),[3] "acima de tudo, a vida é boa por si mesma", a experiência do bom objeto tem por fundamento o contato com o *ser interior*. Por si só, o fato de haver tal experiência dá significação à existência, fazendo preponderar a alegria. Momentos de experiência viva com o próprio ser geralmente culminam em vivências de amor à vida, pela abertura feita à sintonia profunda. Daqui talvez seja possível compreender o que Nietzsche (1977, p. 242) enfatizou no *Zaratustra*: "se a dor é profunda, a alegria é mais profunda do que o sofrimento", apontando que o sofrimento devido à crueldade da vida pode ser ultrapassado por sintonia profunda, porque a vida em si mesma é mais significativa do que o sofrimento e a morte.

Quanto à morte, sua implacabilidade tem levado, por vezes, a pensá-la como mal absoluto. Como conceber que uma vida passe ao nada? Não seria uma impensável crueldade, uma desconsideração e uma afronta ao ser? A finitude vem colocar problemas essenciais quanto aos sentidos e significados da existência. Em um número considerável de situações, a morte temida diz respeito ao viver. É aquela em que desaparece o contato vivencial com o ser profundo, perdendo-se dramaticamente a experiência de existência própria. Resulta do esvaziamento e da angústia de dissipação do *self*, que rumam para um buraco negro de inexistência. Esse temor é próprio das personalidades fóbicas, que têm na vivência do pânico a evocação do aniquilamento e da morte (TRINCA, 1997, 2006). É uma

3 Pseudônimo de Émile-Auguste Chartier (1868-1951), filósofo e escritor francês.

angústia superável, caso a pessoa retome contato consigo própria como presença e existência. O problema consiste na confusão que é feita entre a morte real e o estado de aflição decorrente do terror de passagem à inexistência. Este é vivenciado como morte, porque, achando-se paralisada pela angústia, a pessoa acredita assistir inermemente ao próprio desaparecimento como ser. Esse terror é muitas vezes responsável por fantasias e angústias a respeito da morte real. Afora isto, normalmente, a vida pode ser experienciada sem temor. Ao nos deixarmos viver, o sentimento de vida, enquanto perdura, faz eliminar o pensamento na morte. Além disso, quando se trata de viver amplamente a vida do ser em nós, esse contato nos põe diretamente em relação com a pujança de vida, que existe tanto interna quanto externamente. Tendo a vida em nós, sentimos que temos tudo; sem ela, tudo nos falta. Um breve instante de felicidade faz ligar-nos a ela como uma benção.

13. A assombrosa sinfonia universal

Até aqui, temos insistido na necessidade de se considerar a natureza em seu processamento. Isso compreende um trabalho de construção que tem nos seres vivos um anelo à melhor performance possível. Neles, se encontra a aspiração à harmonia que, no ser humano, é ditada pela tendência geral à harmonização, sendo inerente às funções do próprio *ser interior* em suas relações com o *self*. As forças propulsoras de vida tendem à harmonização no interior do jogo dialético entre construtividade e destrutividade. Cada forma de vida busca sua harmonização na luta contra processos antagônicos de desorganização, degradação, paralisação e aniquilamento. Na invenção da vida, a natureza criou um sistema básico de organização, centralizado no ser de cada indivíduo e, a partir desse fator central, foi possível promover, coordenar e sintetizar a aspiração. Ela se tornou fundamental na seleção e na composição dos comportamentos adaptativos ou não.[1] Partindo da presença de um organizador interno, do confronto com desequilíbrios nasce a necessidade de equilíbrios.

1 Para um aprofundamento do papel da aspiração no plano evolutivo, cf. Morin (2017).

Todo o processamento da natureza, que tem seu ápice na emergência do ser vivo, sustenta-se na força indomável do querer-viver, responsável pelo curso da individuação. Sendo o querer-viver a força que faz gerar, manter e expandir a vida, cada organismo se esforça, no plano individual e da espécie, para a autorrealização e para o alcance de suas aspirações.

Em sua tendência à autorrealização, a aspiração central dos organismos vivos é o alcance da melhor forma que lhes seja possível. A lei de tomada de forma conduz nos organismos à lei da boa forma. Esta se define pelo máximo alcance possível da cessação das desarmonias de um evento particular em determinado sentido evolutivo. Vencidos os obstáculos e as resistências, das contradições e dos conflitos nasce a boa forma, como realização da aspiração em busca da harmonia. A vida caminha a níveis cada vez mais elaborados em sua tendência à boa forma e, ao atingi-los, pode obter a harmonia. Em face de desarmonias, anomalias, disrupções e, até cataclismos, os organismos vivos tendem ao restabelecimento da boa forma, que expressa sua coesão interna e sua inteireza; ou seja, a manutenção de sua individualização, manifesta como ser unitário. Não significa, porém, que a dinâmica se detenha nesse ponto, porque os processos contraditórios continuam em vigor, fazendo transformar a vida. Importa sublinhar, contudo, as condições admiráveis em que esta se sustenta para o alcance da melhor forma possível, exprimindo na força do querer-viver um alto grau de construtividade, mesmo que nem sempre ele seja obtido, nem possa sê-lo. No nível humano, a realização da boa forma representa o domínio sobre a destrutividade, por alto grau de contato inteiriço do indivíduo consigo próprio, que afasta a fragmentação interna.

Seja na natureza em geral, seja no ser humano em particular, há forças que tendem à ultrapassagem das condições de instabilidade, desequilíbrio e desestruturação, possibilitando resultados eficazes dos processos criativos em vencer a destrutividade, ainda que eles não sejam absolutos. Com relativa frequência, a natureza atinge culminâncias nesses processos, esmerando-se em obter qualidades aprimoradas. São momentos em que tendem a cessar os embates antagônicos e a realidade se apresenta em sua face harmoniosa e, por vezes, radiosa, esplendorosa ou sublime. Então, é possível verificar que a vida como um todo caminha, em certo sentido, para um máximo de realização em cada uma de suas manifestações, e isso representa a realização da melhor forma possível. As culminâncias a que chega à natureza não negam a destruição e a morte, mas as inserem no bojo de um vir a ser a favor de resultantes bem realizadas, ao invés de preferências por destroços e aniquilamentos.

No atingimento de sua otimização, sobressai ao menos uma face harmoniosa nos fenômenos. Sendo-lhes dadas condições favoráveis, eles alcançam níveis ótimos de manifestações daquilo que verdadeiramente são, por afastamento dos conflitos, contradições e interferências. Só assim se pode dizer que eles atingem o que lhes é natural. Ao realizar sua plena expressão, eliminando-se as dissintonias, apresentam formas harmoniosas, consubstanciadas no ser que eles são. Isso se aplica particularmente no nível humano, quando o *ser interior* e o *self* operam sua tendência à síntese, voltando-se à integração. Nesse caso, cessam as interferências dos fenômenos inferiores da Vontade, de que fala Schopenhauer (1941) e, em decorrência, há aquietamento das atividades buliçosas da mente, levando ao bem-estar. Pode-se considerar que, se a natureza, nela incluída a natureza humana, fosse somente cega e desapiedada, não haveria possibilidades de manifestações da harmonia, uma vez que, em princípio, esta seria suprimida, por conta da exclusividade dos processos corrosivos. Contudo, a constatação de sua existência, sendo aspiração da natureza e do ser humano, está no horizonte de toda evolução possível. O esgotamento e a finitude não anulam sua continuidade no devir, dado que, como lei natural das coisas, a harmonia é intrínseca à construção da realidade.

A lei maior que prevalece na natureza é a lei da criação. A simples observação leva à conclusão de que, antes de tudo, a natureza é *locus* de criação: a gênese, a instalação, a preservação, a reprodução e a transformação dos seres. Tudo converge para a criação como um processo natural, cuja reserva inesgotável se sobrepõe à lei da destruição e do nada. Verifica-se, em todos os domínios da natureza, a ação da lei da criação, que vai do caos à ordem, fazendo-se, desfazendo-se e refazendo-se em cada momento, como realização de aspirações fundamentais e necessárias das representações do querer-viver universal. Pela lei maior, cada fenômeno se realiza por tomada de forma, na qual se torna existente segundo inalienáveis princípios de sustentação. Assim, ao menos para a constatação mais imediata, o todo universal não caminha para o nada, e sim para a existência, em cuja base se coloca a lei da criação. Desse ponto de partida, surge a variabilidade e a diversidade, tendo o acaso por fator não negligenciável.[2] Em suas estruturas fundamentais, a natureza consegue abrir-se à mobilidade e à fluidez de seus processos. Assim como a plasticidade neural do cérebro humano, a natureza tende à boa forma pela flexibilização das vias de acesso e pelo encontro de alternativas, a fim de seguir em frente. Na tendência à harmonização, tudo é feito de maneira a alcançar patamares de ajustamentos e de equilíbrios bem-sucedidos, de modo que os fenômenos se definam pelo que eles são. E eles só podem assim se definir quando encontram a inteireza, que está neles como possibilidade no movimento em direção à boa forma.

Dessa perspectiva, nos procedimentos mais elaborados da natureza, tudo parece convergir para a existência do ser que tem em seus fundamentos os princípios de harmonização. A desarmonização, que ocorre por discrepância desses princípios, verifica-se pelo não atingimento do nível mínimo de integridade, não se realizando a

2 Em conformidade com a concepção de acaso difundida por Reeves (2002).

aspiração máxima de todo ser vivo, que é a consecução de sua boa forma, isto é, de sua inteireza. Se pensarmos que a natureza tende à melhor forma possível quanto à realização do ser e o atingimento de sua harmonia, é possível recolocar o papel do mal e da destruição. Estes vêm ocupar um lugar complementar à lei da criação, que se torna límpida na sua constância em direção à plena realização do ser. Nesse caso, independentemente do antagonismo ao ser, há convergências de processos em prol da criação, da boa forma e da harmonização, que resultam dos "esforços" da natureza, pródiga em ofertar suas benesses. Então, esta passa a ser vista com olhos totalmente diferentes do olhar niilista e pessimista. Ao contrário destes, a natureza é encarada como uma obra estupenda de realização, de vida e de amor.

Nesse contexto, não é difícil situar o papel central exercido pela organização. Ela está presente no Universo como um todo, até onde é possível acompanhá-la, dentro dos limites de nossa percepção e de nossa compreensão. Considerando-se a complementaridade das forças antagônicas, apesar de tudo, a natureza tende à organização. Seus processos são diversificados e dependentes da variabilidade das situações, mas no conjunto se verifica que a organização se inscreve tanto no mundo orgânico quanto no inorgânico, seja como efetividade, seja como possibilidade. O princípio geral e universal de organização é anterior à tomada de forma que ele determina, assim como é regulador da evolução à boa forma e à harmonia. O Universo cria-se e forma-se continuamente em função de leis e princípios elementares, que estão nas bases das coisas; a partir desses princípios, os fenômenos se organizam e se reorganizam. A Psicologia da Gestalt, desde suas proposições iniciais, procurou estudar e compreender esse aspecto fundamental do comportamento dos seres vivos, que ela equipara aos movimentos da natureza inorgânica. Koffka (1975, p. 579), por exemplo, diz que "existem inúmeras possibilidades de organização, em que os membros do todo são mantidos coesos por relações *intrínsecas*",[3] que para ele são relações dinâmicas. Pela teoria da Gestalt, se as condições o permitirem, a organização será a melhor possível, pois faz parte inerentemente dos fenômenos. Assim, cada parte depende da organização do todo, que se constata em numerosos experimentos (KOFFKA, 1975). Pelas propriedades intrínsecas do todo, as diferentes partes, sejam simples ou complexas, têm em comum o fato de que evoluem para uma organização de campo. Ficam excluídas, portanto, as combinações cegas e arbitrárias de elementos que se reúnem ao acaso para criar configurações de sentidos. O aspecto principal da questão é que em todos os níveis, seja da matéria, da vida ou da mente, há sistemas centrais de organização e de reorganização que conduzem à estabilidade, criando camadas de constituição da realidade, mesmo que, por outro lado, sofram efeitos contrários da desordem e do caos, na dependência do que vier a prevalecer. Em todos os níveis, porém, estamos em face de uma ordem dinâmica, cuja existência se manifesta por si mesma, conduzindo os processos construtivos.

Embora a estabilidade seja constantemente posta em questão por inúmeros pesquisadores, dado que também se encontram grande instabilidade e grande desordem, a ciência vem apontando, em interdisciplinaridade e em transdisciplinaridade, as grandes linhas de uma estrutura unificada do Universo, para a qual convergem diferentes descrições (PRIGOGINE; STENGERS, 1984), de tal forma que se sobressai não a destruição, mas a construção, não o caos, mas a ordem. Se não antes, desde Demócrito de Abdera (c. 460-c. 370 a.C.) – que considerava a função da necessidade ao lado do acaso –, os pensadores vêm se debruçando sobre o tema, mas igualmente o fazem as pessoas comuns, dotadas de sensibilidade, que se maravilham diante do milagre da existência da realidade.

---

3 O grifo consta do original consultado.

Algumas descrições são realmente admiráveis, como a do astrofísico canadense Hubert Reeves (1981, p. 29):

> *De átomos a moléculas, de estrelas a galáxias, de conglomerados a superconglomerados, nosso Universo é construído de modo hierárquico. Os seres semelhantes agrupam-se para formar novos seres em um nível superior. Essa hierarquia se estende do infinitamente pequeno ao infinitamente grande.*

Não há, portanto, o predomínio da falta de sentido, do acaso e do nada, como querem os niilistas e pessimistas radicais. O que se chama desarmonia é parte do processo de vir a ser e, desse modo, é possível chegar ao atingimento da organização, como a observação empírica o demonstra. Uma vez alcançados determinados patamares, a organização responde por novas emergências, dando prosseguimento ao trabalho de construção. Em face da assombrosa obra de construção, nada impede a percepção, a compreensão e a admiração de um mundo cujo sentido se faz por si próprio. Nesse processo, a participação do acaso está na flexibilidade das vias de acesso e de realização disponíveis, em que, dados certos princípios e leis, os fenômenos tomam aquelas vias que atendem à melhor organização possível. Um exemplo elucidativo está na teoria da evolução, em que os seres vivos desenvolvem órgãos e outros meios para o atendimento de suas necessidades e aspirações, usando de sua equipagem biológica e do ambiente para a sobrevivência, a adaptação e a obtenção da melhor performance evolutiva possível, sob determinadas circunstâncias. Isso corrobora a afirmação de Morin (2017, p. 65), de que "é certo que o Universo dispõe de uma prodigiosa criatividade sistêmica".

Daqui talvez se possa retornar ao querer-viver negativo que, segundo Schopenhauer (1941), fez do mundo uma Vontade insensata e destrutiva, em vez da organização, da ordem e da harmonia. Na verdade, o que faz o mundo ser o que é diz respeito ao *quantum* de construtividade que ele alcança na realização de seus processos, de modo a manter sua coesão e sua organização. Sem estas, haveria a realidade tal como a conhecemos? Como vimos, a Vontade schopenhaueriana jamais seria capaz de construir a obra sofisticada e magnífica que se nos apresenta em toda a sua extensão, sutileza, organização e harmonia, cuja ínfima parte conhecemos e cuja grande parte é encoberta pelo desconhecido e pelo mistério. O todo é constituído de movimentos abissais, de que só temos vislumbres. Por isso, não se reduz a nossas concepções, idiossincrasias e limitações.

Quinta parte
A base de sustentação

14. Ao encontro de si mesmo

Se há um aspecto central nas questões que estamos considerando é a existência e a ação do *ser interior*. Nas atividades clínicas do psicanalista, é possível verificar que o ancoramento no ser constitui um antídoto ao niilismo e ao pessimismo, ao ódio à realidade, à perda de vínculos significativos e ao transbordamento da tragicidade na mente. Se a modernidade retirou as bases de sustentação no ser, todo o edifício da realidade sofreu abalos e desmoronamentos em seus alicerces, restando no lugar a angústia que solapa o enfrentamento do magno problema da vida e do viver. Sem a realização no indivíduo de contato suficiente com seu ser, dissemina-se toda espécie de sofrimento. Ao se retirar o ser do centro, retira-se em primeiro lugar a estabilidade, porque tudo passa a girar ao sabor das circunstâncias e do acaso. Sem a base de sustentação, imperam primeiramente o vazio e o nada, que são experienciados nas relações com o mundo interno e externo. Geralmente, as posições niilistas, pessimistas, trágicas e catastrofistas têm origem nas dificuldades do encontro de um mundo fiável, regulamentado por leis estáveis. Um alto grau de afastamento em relação ao centro nuclear da pessoa redunda em consequências desastrosas para a construção da via do espírito. É preciso, pois, retomar as bases da existência, a começar pelo próprio ser. Ou seja, reconstituir as bases sobre as quais se pensa a realidade, restabelecendo-se as relações com o ser e o lugar da ontologia. Se ele for reconhecido, passa ao primeiro plano a instância definidora por excelência das relações internas e externas, propiciando o retorno aos sentidos de vida. Por isso, ocupamo-nos aqui das relações, transformações e implicações do contato com o *ser interior* como ponto de referência para as questões humanas.

Lembremo-nos de que o *ser interior* é uma instância complexa, que em seus fundamentos como realidade primária define a pessoa enquanto tal, respondendo por sua existência. Ele é um foco de vida instalado na interioridade, dando à pessoa a experiência de ser ela própria, uma experiência única. A vida faz sentido a partir desse foco íntimo, em que vida e ser são indissociáveis. A vida, essa coisa imensa, sendo ponto central na interioridade, recebe sua sustentação do ser, que nos põe e nos mantém vivos. Desse modo, pode-se dizer que o *ser interior* é uma matriz primordial de vida, a partir do que se desenvolvem em vários níveis os processos que respondem em primeira mão pela estruturação e pela dinâmica da vida psíquica. Tomar o *ser interior* como foco de vida corresponde a afirmar sua consonância com os processos criativos, pois vida e criação caminham juntas. Assim, as bases em que se sustenta o ser são fundamentalmente propulsoras de criação e desenvolvimento, não se dissociando do centro de forças que impele ao crescimento e à expansão. Por meio dessa referência, constitui-se um eixo de orientação, que dá coesão à personalidade e é ponto de convergência para a unidade, centralizada no fato elementar da necessidade de manutenção e de evolução da vida. A unidade, porém, só existe na pureza não-sensorial do ser, em que a pessoa é em princípio inteira e indivisa, tendo uma existência singular e específica. Dessa maneira, o foco da presença unitária que define a existência da pessoa é experienciado na consciência, basicamente, como idêntico com respeito à identidade primária. Suas transformações não afetam essencialmente a sua unidade, reconhecida como algo que permanece.

Daqui se pode alcançar o sentimento de presença desse ser, caracterizada como experiência de existência própria. O núcleo vital aparece como presença inconfundível, distinguindo-se do mundo externo, dos objetos internos, das pulsões e de outros componentes psíquicos. Pode ocorrer uma viva sensação de existência interior, experimentada na unidade do corpo-mente como "este sou eu". Completamente distinta do narcisismo, que não se refere ao ser, mas à sensorialidade, a experiência de existência própria faz sentir à pessoa quem esta verdadeiramente é. Geralmente, isso começa por sensações e percepções de ter um corpo, de habitá-lo e de incluir nele a noção consciente de si. Se posso ter minha presença em mim mesmo, há implicações diretas sobre meu sentimento de autenticidade, mas, também, sobre a vivência da harmonia interna. Não se trata simplesmente de um pensamento racional, nem de um elemento continuamente consciente, e sim de uma possibilidade vivencial disponível à consciência e acessível àqueles que se abrem ao contato.

Na verdade, como vimos, o *ser interior* é um movimento efetivo de vida que se manifesta de modo não-sensorial. Na consciência, pode-se perceber a correnteza profunda do ser em sua limpidez não-sensorial. Por vezes, é suficiente deixar a vida do ser se apresentar por si mesma, quando houver conexão com ela. Uma experiência viva que pode introduzir flexibilidade, espontaneidade e leveza. Nesse caso, o fluxo interior, que temos descrito como mobilidade psíquica, não diz respeito à concretude dos objetos, mas ao espaço aberto, livre e solto na mente, por vezes experimentado como silencioso em seu vazio de sensorialidade. Ele é condição de acolhimento da experiência nova e dos significados mais profundos da realidade. Em sua gratuidade de existência, o ser revela-se em estado de abertura ao contato com a realidade mais profunda. Não difere essencialmente, em sua mobilidade, do espaço potencial descrito por Winnicott (1972); em nossos termos, o espaço potencial não é outro senão um espaço de manifestação do *ser interior*. De certo modo, também não se dissocia totalmente do que Bion (1966) chama de função-alfa, responsável pela constituição dos sonhos, intuições e pensamentos de vigília. É pelo contato com esse ser, e não pela ação de um inconsciente cego e sensorializado, que se deixa transparecer a realidade humana mais significativa.

Como sabemos, é pelo contato que o *ser interior* se dá a conhecer, e todo contato representa um *quantum* de investimento libidinal. Há pelo menos três estados do contato, sendo que cada um deles produz efeitos diferenciados sobre os processos psíquicos: estado oclusivo, estado inconsciente e estado consciente. No estado oclusivo, que é característico das personalidades psicóticas, o contato acha-se extremamente distanciado, em função de o *ser interior* estar em invisibilidade tanto à consciência quanto ao próprio inconsciente. Há grandes áreas mentais indisponíveis não só ao trabalho consciente como ao inconsciente. São áreas saturadas de partículas fragmentárias, desintegradas e dispersivas, com insuficiência de estruturação inconsciente, falhas de simbolização e acúmulos do que Bion (1966) denominou elementos-beta. No estado inconsciente, que é típico das personalidades neuróticas, há invisibilidade do *ser interior* ao plano da consciência, mas a estruturação inconsciente se acha, no geral, relativamente preservada, assim como as possibilidades de simbolização. A organização e a dinâmica psíquicas são prejudicadas por insuficiente clareza dos processos, por direcionamentos divergentes e por predominância dos conflitos. As escolhas são muitas vezes comprometidas por noções vagas e inconsistências, sendo o contato com o *ser interior* interferido pelo desconhecimento e pela inconsciência a seu respeito. Apesar disso, esse ser responde pelos sonhos e pela elaboração inconsciente. No estado consciente, diferentemente dos estados precedentes, o contato encontra-se no plano da consciência, ao menos como disponibilidade e como possibilidade. A experiência de existência própria é um sinal distintivo do contato nesse estado. O desenvolvimento mental tem por princípio o assenhoreamento dessa experiência, em vez de o ser permanecer na invisibilidade e nas sombras. No estado consciente, é possível viver os relacionamentos com os significados que têm para o ser que transparece e se exprime com relativa clareza. A descoberta de si corresponde à autoconsciência, e esta se faz por empenho voltado ao conhecimento. Então, como existem três estados do contato, há três diferentes níveis da noção de si mesmo. No estado oclusivo, ela é obscurecida pelos componentes mentais próprios desse estado, sob grande distanciamento de contato. No estado inconsciente, a noção de si mesmo sofre os efeitos da falta de clareza, das inconsistências e dos conflitos inconscientes que foram apontados para esse estado. No estado consciente, porém, ela se torna mais nítida, em conformidade com os graus do contato, podendo atingir graus elevados na expansão de consciência. Isso significa que a noção de si mesmo se constitui num aspecto de suma importância para as relações do indivíduo consigo próprio e com o mundo, que são alargadas ou restringidas, límpidas ou interferidas, ricas ou pobres, na dependência do que se passa na interioridade. Tudo isso tem o potencial de determinar diferentes modalidades de concepções e imagens do mundo, assim como diferentes qualidades das experiências de encontros e de desencontros da realidade.

A noção de si mesmo, manifestando-se em graus, atinge sua dimensão consciente quanto o contato se torna experiência de existência do ser por inteiro, isto é, experiência de inteireza. No *self*, predomina um centro estável e estabilizador, em vez de partições, fracionamentos e conflitos. Ao se afastar grande parte das interferências, o ser está lá, indiviso. Ele se revela em unidade somatopsíquica, na qual o corpo é integrado como atributo inscrito na vida do próprio ser. Somente então é percebida a presença de um centro de comando, tanto para a vida psíquica quanto para as relações externas. Aí se centralizam os direcionamentos e orientações que implicam ancoramento e sustentação na verdade existencial mais profunda, eliminando-se ao máximo as intromissões daquilo que a pessoa não é. Isso se distingue claramente de todo voluntarismo, egoísmo e onipotência. Ao sentir-se focalizada no eixo psíquico, a pessoa passa a ter a experiência de haver potência, energia e vigor, que afastam a destrutividade da constelação do inimigo interno e de outras forças que impelem ao distanciamento do contato. Desse modo, surge o sentimento de poder enfrentar os problemas e de conseguir dar conta das dificuldades, em lugar do submetimento a forças cegas e inexoráveis, sem qualquer apelação. A essa energia, Bergson (*apud* THIBAUDET, 1923) deu o nome de *nisus*, significando empenho e esforço do corpo e da mente quanto aos processos vitais. Não se dissocia do que Spinoza (1999) chamou de *conatus*, que é inclinação, disposição e empenho da pessoa na perseveração do próprio ser, opondo-se ao que contraria sua existência. Para Spinoza, corpo e mente estão imbricados e empenham-se naquilo que afirma e impulsiona sua potência, vale dizer, seu querer-viver.

Quando o *ser interior* exerce influência preponderante sobre o *self*, ele não somente ativa o funcionamento da maquinaria psíquica, mas incide especialmente sobre a estruturação e a organização do *self*. Se, por um lado, a estruturação inconsciente exerce um papel considerável, por outro, há sem dúvida melhores formas de organização e funcionamento da vida psíquica quando o contato se torna consciente. Partindo do comando executado pelo *ser interior*, o *self* tende a se harmonizar em função do processamento central, que resulta em estruturação, organização, integração e síntese. A vida do ser está na base desse processamento, sem o que haveria apenas a mecânica da automatização, como se nota, em parte, na esquizofrenia. Há um princípio interno vivo que estrutura, organiza, orienta e regula as relações internas e externas, tanto de modo consciente quanto inconsciente. Sua ação tem efeitos decisivos sobre os centros diretores do *self* e sobre a estabilidade geral da composição somatopsíquica.

Entretanto, o ser só pode se fazer nítido à consciência se está relativamente livre da densidade sensorial e da fragilidade do *self*. Somos alguém para nós mesmos se estamos fora dos turbilhões emocionais, das injunções externas e dos envolvimentos sensoriais de todo tipo. A fonte interior de vida, em sua simplicidade existencial, não se confunde nem se mistura com a dimensão dos conflitos, dos condicionamentos psicológicos e das perturbações psíquicas. A pergunta que todos temos de responder é: quem sou?

Para respondê-la, deveríamos esquecer ou afastar definitivamente o ego, do qual somos prisioneiros, como ensina o budismo? Mas, nesse caso, não estaremos eliminando a ação do próprio ser, aqui confundido com o ego? Se ego e *self* são conceitos equiparáveis, como o são em Freud,[1] na prática não há lugar para o *ser interior*, cuja ação, se existir, é minimizada, misturada e englobada pelas atividades do ego que, justamente em Freud (1996a), é descrito como instância pouco eficaz para dar conta dos impulsos e das dificuldades com que tem de se haver. Como vimos no capítulo 10, para Freud o ego não apresenta autocomando suficiente para ser dono de sua casa, tendendo a ser levado de roldão pelos impulsos. Todavia, trata-se, em nosso modelo, da inexpressividade de presença do *ser interior* no *self*, sendo este dominado pelos impulsos, sob distanciamento de contato. O *self* passa a ser *locus* da implacabilidade dos impulsos, em estado de desorganização, quando a noção de si mesmo permanece inconsciente ou oclusiva. Uma situação anômala relativamente aos processos naturais das relações entre o *ser interior* e o *self*. Mas, se a consciência de si estabelece o comando e se o contato alcança expressividade no *self*, eles se tornam propícios a criar condições

1 Para um exame das compatibilidades entre os modelos de *self* e de ego na psicanálise, cf. Trinca (2016).

para que os impulsos e desejos não sejam anárquicos e estejam na esfera dos fatos passíveis de pensamento. Um exemplo característico encontra-se na dimensão dos sonhos, em que frequentemente a voz do *ser interior* se torna sinal de alerta ou recomendação de reestruturação; em vez de conteúdos puramente maléficos e desabonadores, as mensagens latentes dos sonhos buscam a integração por intermédio dos símbolos. Poderíamos, assim, colocar em discussão um ponto fundamental da psicanálise, relativizando a concepção clássica a respeito da primazia de um inconsciente essencialmente perigoso e incontrolável.

Vemos que é possível nos aproximar do ser que sempre fomos, assim como dele nos distanciar. Podemos nos entupir de produtos estranhos e nos perdermos de nós próprios ou, ao contrário, procurar diminuir os infortúnios e aflições por maior presença de nossa verdade interior. Dependendo dos resultados, haverá ou não a consciência de ser e a sua luz na interioridade, em que a destrutividade e os demais comprometimentos psíquicos tenderão a se reduzir e, conjuntamente, a tragicidade da existência. Se o ser é vida, esta é vincular e se revela no relacionamento profundo. Contudo, trata-se de uma dimensão totalmente aberta à complexidade, em que as determinações e qualificações são muitas vezes imprecisas. As noções de infinitude e de mistério dão a medida da insuficiência do pensamento humano para abarcá-la como um todo, pois seus fundamentos se cravam na primordialidade e nos enigmas que recobrem as origens humanas.

15. Raízes & significados

Se é impensável o ser humano desvinculado do mundo, a inserção e a realização no mundo dependem de encontros em dupla profundidade: a profundidade do contato com o *ser interior* e a profundidade da relação com o mundo. Estão certamente implicados os significados das relações, mas a experiência de existência própria introduz um elemento determinante para que os sentidos se deem de dentro para fora, e não inversamente. Desse modo, criam-se condições favoráveis a que as escolhas se façam com consciência de si como sujeito, em vez de a interioridade ser tomada pela primazia do objeto externo, que se impõe em detrimento daquele. Como sabemos, é a partir de um *self* relativamente límpido (por presença marcante do ser profundo) que são possibilitadas experiências igualmente límpidas com o mundo. Essa situação se torna emblemática, porque nela se percebe que a realidade externa se faz transparente e significativa a um sujeito livre das interferências dos objetos. A significação emerge do encontro do mundo, havendo antes um sujeito para si. Caso este não se faça presente, o *self* se torna um objeto entre os objetos, e as escolhas são desfocalizadas ou aleatórias, porque, desprovidas de sujeito, são saturadas de sensorialidade.

Não se poderia afirmar, como no existencialismo, que o ser se torna o que é pela materialidade dos objetos, os quais determinam as modalidades do ser pelas escolhas existenciais (STERN, 1951). Se o ser é feito, mesmo que simbolicamente, pela sensorialidade, formando-se, configurando-se e revelando-se pelo embate com as coisas, o sujeito não se distingue do objeto externo, porque ambos se misturam e se confundem nessa construção. Também, o contato com a não-sensorialidade do ser eclipsa-se em face da absorção pela concretude do mundo. O ser deixa de se revelar como um espaço livre e aberto, cuja existência não-sensorial aspira à realização, a fim de se confundir, se substituir ou se fundir na determinação e na impregnação do mundo dos objetos, desprovidos de sujeito.

De maneira semelhante, na psicanálise é crucial a distinção que se pode fazer entre o ser e os objetos que pululam no *self*. Essencialmente, como vimos, os objetos internos não são o *ser interior*, nem com este se confundem. Eles estão no *self* como componentes bons ou maus para estabelecer relações, sejam construtivas ou destrutivas. Se o sujeito se relaciona com o mundo dos objetos por meio dos sistemas de introjeção e de projeção, é porque há um núcleo central preexistente. Esse fato livra o sujeito de ser apenas uma internalização de objetos. A tônica das interações é dada pelo grau de presença e ação do *ser interior* no *self*. Mesmo nos estágios iniciais do desenvolvimento psíquico, já é imprescindível, pelo contato, o reconhecimento do ser da criança pelo ser da mãe (sendo esta capaz de autorreconhecimento), a fim de que a criança se reconheça como ser. Isso se distingue claramente dos processos identificatórios, que se dão precocemente.

Pensamos que não haveria fundamento para a afirmação, tão cara a algumas correntes modernas e pós-modernas, de que o ser é totalmente criado na dimensão do encontro com o outro. O *ser interior* seria uma construção emergente da realidade coletiva, forjando-se a sua natureza segundo as influências compartilhadas em comum. Igualmente, não teria cabimento a afirmação de que o ser de cada um é o ser do outro. Ao se definir o indivíduo como um ser essencialmente coletivo, elimina-se o que lhe é próprio no contato consigo mesmo, pondo em relevo os condicionamentos psicológicos e as influências externas. Além disso, passa-se a confundir o *ser interior* com o *self*, reduzindo-se a vida psíquica ao plano deste, onde realmente se instalam a influência e a participação do outro. Nessa redução, o objeto externo toma posse do sujeito, servindo-se deste e possuindo-o como se fosse a própria verdade interior. Sendo conduzida pela primazia de objeto, a subjetividade despojada de sujeito mergulha suas raízes na inconsciência ou na oclusividade. Uma condição mental que coloca em questão o fato fundamental de que o objeto só tem significado real na presença do pulsar do sujeito, que faz dele uma experiência relacional.

Encontramos esse reducionismo claramente expresso no existencialismo de Sartre (1962). Para este, o ser humano se faz inteiramente em sua subjetividade por meio daquilo que escolhe, inventando-se a si mesmo na dependência de seu projeto e da soberania de sua vontade. Diz Sartre (1962, p. 58) que "um homem é somente uma série de empreendimentos; é a soma, a organização e o conjunto de relações que constituem esses empreendimentos".[1] Mas, afinal, quem dá as cartas nessa subjetividade, o *ser interior* ou o *self*? Nossos projetos podem ser escolhidos em conformidade com nosso ser ou, ao contrário, em função de um *self* discrepante do ser. Se o *self* se constitui como um campo de ocorrências afastadas do ser profundo, os empreendimentos, os projetos e as relações são alienantes em relação ao sujeito e, por conseguinte, este não mais será sujeito, e sim objeto entre os objetos. Em vez de escolhas livres, haverá escolhas condicionadas à sensorialidade ou à fragilidade do *self*.

---

1 *Entreprises*, no original.

Temos visto que, para não sermos prisioneiros dos objetos, é necessário que haja uma interioridade estribada na vida do ser. O contato com a existência deste está no fundo da questão humana. No existencialismo sartriano, essa existência é condicionada à escolha, mas se trata, antes, de uma escolha que não supõe um sujeito anterior a ela. Trata-se de escolha de fora para dentro, lançando o indivíduo no mundo dos objetos e constituindo-o, igualmente, de fora para dentro. Sem sujeito previamente existente, a ação produz o efeito de condicionar o indivíduo ao mundo externo ou de deixá-lo à deriva. Não havendo lugar para o *ser interior* como instância independente e ao substituí-lo pelo mundo dos objetos, Sartre abandona a escolha como realização do sujeito, mergulhando-o no universo sensorial. Ser e engajamento confundem-se, não havendo discriminação entre escolha genuína e escolha condicionada à supremacia do objeto. Quando há essa discriminação, o ser humano pode encontrar formas de ação que estejam em acordo consigo próprio.

No existencialismo, o ponto focal concentra-se na liberdade de escolha: cada indivíduo deve ser livre para determinar a natureza de sua existência. Em princípio, isso poderia ter o significado de realização do próprio ser. Mas, por que não há no existencialismo um ponto de partida na liberdade do ser como tal? Sartre (1948) repete que cada um se escolhe na sua maneira de ser, e não no próprio ser. Ele diz (SARTRE, 1948, p. 391) que "é negando-me a mim mesmo que eu sou um ser", pelo aniquilamento dos valores, das acumulações e das impregnações concretistas. Poderia ter dito que, para ele, não há ser, só há *self*. O abandono da escolha pela via do ser diz respeito à não discriminação entre essas instâncias. Sartre pensa o ser como sensorialidade, não como liberdade; por isso o *self* sensorial deve ser ultrapassado, a fim de que a liberdade se imponha sobre a sensorialidade. Ele não considera a possibilidade da existência de uma entidade não-sensorial que desafie os padrões da ciência clássica em seus critérios de objetividade estrita. Não toma o *ser interior*, em sua não-sensorialidade, como uma abertura às possibilidades de liberdade e de realização no mundo; por isso, afasta-se da escolha fundamentada no ser, negando-o. Uma posição filosófica que não faz jus às observações psicológicas quanto à natureza e à dinâmica do *ser interior*.

Como dissemos, o *ser interior* constitui-se como um espaço livre, aberto, solto e amplo na mente, associado ao próprio fenômeno vivo em sua gratuidade e espontaneidade. Não se trata, portanto, de uma materialidade definida *a priori*, mas de um estado de ser em fluxo existencial, que por vezes é experimentado em leveza e pureza não-sensoriais. Na experiência, quando for possível distingui-lo de excessivas saturações e impregnações do *self*, ele se revela por mobilidade psíquica. Com base no contato, sendo livre o ser, a escolha também o será. Nesse sentido, como indicamos, a liberdade consiste na liberdade de ser. Em contraste com o pensamento dos filósofos existencialistas, o cerne da questão reside na conquista da liberdade por quem consegue se livrar dos empecilhos e comprometimentos da esfera do *self*, realizando-se o contato pelo reconhecimento do ser. Havendo escolha com consciência de si, o universo humano deixará de ser pensado como criação no ponto zero, a partir do nada, e a pessoa se engajará de acordo com o ser que porta a condição de sujeito. Então se realizará o *ser-para-mim* na não-sensorialidade do sujeito em sua relação com o *ser-em-si*. O existencialismo seria totalmente diferente e deixaria de ter sua radicalidade, sem se afastar de suas bases libertárias, se a existência fosse definida pela inclusão da não-sensorialidade do ser.

A questão da existência e da continuidade do ser vem recolocar um problema ôntico de grande importância, qual seja, a busca de compreensão do que leva a natureza a criar e a manter tal necessidade e tal sofisticação. Ainda que as respostas sejam insuficientes, nada impede o estímulo à reflexão. Exprime-se no ser humano o que exprime toda a natureza: a vida criadora em geral aplicada à escala humana estabelece o princípio de vida consubstanciado no princípio de individuação, de tal modo que cada ser humano contém em si mesmo a universalidade. Ao contrário do que costuma afirmar uma filosofia pessimista, está disponível a cada indivíduo a alegria de compartilhar o fenômeno inefável chamado vida, que lhe dá significação e sustentação. Ligado às raízes da vida, o ser é abrangência, profundidade e mistério.

O milagre no qual se realizam as feições primárias da vida chama-se princípio de individuação. A finitude e o limite do ser, dados pelo princípio de individuação, são a própria graça doadora de vida, pela qual podemos chegar a ser o que somos, livrando-nos, como seres, da tragédia da dissolução na inexistência. O ato fundamental de finitude, sendo a origem da constituição dos seres, faz de cada ser um mundo na primordialidade do princípio de individuação. O que há de essencial e básico é a existência do ser, estendida aos organismos vivos capazes de auto-organização. É-nos dado o ser, de modo semelhante a que é dado a outros organismos no Universo. A mesma afirmação por toda parte, que é a afirmação da vida. Deveremos nos insurgir contra ela? Ou, ao contrário, a catástrofe não será o próprio aniquilamento da vida?

Qualquer resposta irá depender do alargamento ou do estreitamento vivenciados na esfera do *self*. Ao realizar-se a expansão de consciência, colocamo-nos mais facilmente em contato com as raízes da existência, em vez de predominar um *self* restringido pelo distanciamento de contato. A partir do silêncio dessa profundidade, alargam-se os horizontes das significações mais compatíveis com as raízes primordiais das coisas. O que realizamos diz respeito a movimentos vivos do ser no *self*, participando da comunhão universal com a vida. Podemos ter, então, a alegria de viver vínculos profundos.

Dessa perspectiva, o querer-viver não se afigura como condição trágica e degradante. Ele se inscreve nas raízes do ser. Como princípio e como fim, ele se centraliza na objetivação do ser, que tende à sua plena realização. Como o *élan* vital de Bergson (1959), a vida floresce e realiza-se a partir da força criadora que a impulsiona. Uma força que combate todo tipo de aniquilamento, conduzindo a vida à obtenção das melhores condições possíveis. Ao erguer-se acima da destruição e do nada, a vida que em cada ser atualiza o querer-viver se manifesta na forma de alegria, porque vida e alegria são uma só e mesma realidade.

Não é exagero afirmar que o querer-viver propulsiona os caminhos evolutivos das espécies, sob a égide da melhor realização possível do princípio de vida. Sabemos que a evolução não se processa de modo retilíneo, mas em conformidade com os caminhos e descaminhos seletivos de largo espectro. Contudo, havendo um centro vital organizador em cada indivíduo, ele desempenha um papel seletivo fundamental nos processos evolutivos, respondendo ao longo do tempo pelas incorporações, eliminações e fixações, adaptativas ou não. O organizador central pode estabelecer mudanças e permanências de acordo com as necessidades e aspirações das espécies, que são objetivadas em escolhas conscientes e inconscientes.[2] Já vimos que, ao introduzir a presença do ser em cada indivíduo, a natureza instituiu possibilidades de escolhas evolutivas em níveis condizentes com o alcance da melhor forma possível, sob determinadas circunstâncias. Por exemplo, a plasticidade neural existente diz respeito, em primeiro lugar, à imensa adaptabilidade da vida à mobilidade inerente ao ser e à realização de suas aspirações, sejam individuais ou coletivas. Se há necessidade de se definir um princípio básico, que identifique e estabilize os ingredientes dos processos evolutivos, certamente se coloca em primeiro plano a vida do ser, como força motriz fundamental.

2 Esta afirmação toma por base o conceito de aspiração, empregado e difundido por Morin (2017) em relação à evolução biológica.

Se, por tudo o que foi dito, o querer-viver positivo e o próprio ser não se distinguem no plano individual, é preciso aprender a viver, fazendo da vida uma afirmação. Essa foi a resposta de Nietzsche. Segundo Rosset (2015, p. 61), Nietzsche teve a magistral intuição da "indissolubilidade da alegria e do trágico na condição humana". O filósofo alemão colocou-se do lado dos afirmadores, pelo enfrentamento da tragédia da vida no plano irrestrito do real. Uma filosofia de superação consiste, basicamente, na afirmação do infinito valor da vida sobre o infinito movimento de sua destruição; ou seja, a supremacia da vida sobre tudo o que a nulifica e a elimina, tomando-se partido em seu favor. Isso implica afrontar a vida sem rodeios, conluios, submetimentos e evasões. Também, sem subterfúgios em ideologias e crenças, sem consolos em valores de moralidade duvidosa, que não suportam a tragicidade.

Contudo, se Nietzsche faz a afirmação de potência, é possível igualmente partir da afirmação de existência. Esta se realiza no verdadeiro contato de cada indivíduo com o fundo de si mesmo, que se relaciona com o fundo abismal da natureza, da vida e do Universo. Tanto melhor sentiremos a afirmação de existência, quanto melhor sentirmos o contato conosco, ao nos individualizarmos. A afirmação de potência, porém, poderá se revelar problemática, caso seja uma forma de distanciamento de contato. A afirmação de existência não necessita de violência, ao passo que a afirmação de potência poderá necessitar. Também, aquela não necessita da "destruição do indivíduo e de sua identificação com o Ser primordial" (NIETZSCHE, 1958, p. 77), e sim a cessação das impregnações sensoriais sobre o *self*. A afirmação do querer-viver constitui o gesto espontâneo, não sendo uma modalidade de *self* sensorial que gera massificação, delinquência, despotismo, genocídio e outras formas de destrutividade. Por meio dessa distinção, torna-se possível compreender o que Nietzsche (1958, p. 127) apontou como bem supremo: a vida superabundante e a "eterna alegria que está ligada à existência". Esse é, para ele, o fundo do problema humano a ser considerado. Para Rosset (2015, p. 63), trata-se da afirmação do *amor vitae*, amor à vida, de preferência ao *amor fati*, amor ao destino, "sem repudiar o trágico da existência". Uma realidade que está ao nosso alcance, quando aumentam os graus de contato, dando-nos oportunidade de encontro das dimensões mais profundas e alargadas da existência.

Não há amor à vida sem vida na interioridade. Habitar o próprio corpo, ter alegria de viver e participar de um mundo experimentado como vivo decorrem da experiência de ser. Desta, emergem o florescimento da individualidade e o prazer de criar. O que dá significação à vida é o ato de viver em acordo com o próprio ser. Por isso Thoreau (2007, p. 251) recomendou "manter-se em atitude compatível com as leis de seu ser". Todo esforço é válido em função dos propósitos desse ser. Na falta de contato com a vida do ser, os significados caem no vazio e o viver deixa de ter importância. O desamor e o ódio à vida correlacionam-se com sua falta na interioridade. Cada ser é em si mesmo uma fonte de vida, um Sol a brilhar no Universo. Só assim é possível compreender a abertura à beleza, a consideração aos demais, o amor desinteressado de fins egocêntricos, o respeito à obra da criação, o reconhecimento da bondade e da justiça. Sendo vida pura, o ser necessita de condições para se realizar. Tudo está feito de modo a que isso se torne uma possiblidade real.

Sexta parte
Um passo além

16. Imaterialidade: os sentidos mais profundos I

Anteriormente, neste livro, consideramos a experiência de imaterialidade como uma atitude mental em cujo cerne está o contato ampliado com o *ser interior* no nível da expansão de consciência.[1] Agora, podemos nos referir a ela como uma expressão vivencial intimamente associada à alegria. Sabemos que nessa experiência ocorre um estado espontâneo, que se mostra por leveza, fluidez e mobilidade fina, permitindo acompanhar livremente os movimentos fugazes, esguios e flutuantes da realidade interna e externa, com vivências aprimoradas de novidade, frescor, alargamento e eteridade, entre outras. Trata-se, na verdade, de um espaço mental aberto ao acolhimento e pronto para receber a experiência nova, sendo relativamente isento de saturações pela sensorialidade e de impregnações pela fragilidade, assim como distante de interferências de toda ordem sobre a percepção e a compreensão dos fatos. O desbloqueio e o deslizamento flexível da mente pode alcançar estados de quietude, silêncio, harmonia e atemporalidade, em completa liberdade interior, isto é, de modo independente da procura e da intenção de

1 Para um exame mais detalhado, o leitor poderá consultar Trinca (1991, 2014, 2019).

obter resultados. Daqui, o relacionamento com o mundo sofre uma rotação de perspectiva, em que é possível intuir, perceber, conhecer e acompanhar as feições móveis, sutis, alargadas, transformantes, evanescentes, etéreas, primordiais, assombrosas e inefáveis do próprio mundo. Este tende a se revelar em suas significações mais profundas, proporcionando, na experiência, o encontro da alegria.

Para ir ao fundo das coisas, há uma lei universal que principia, na pessoa, pela entrega à sintonia com o próprio ser, de modo que do vazio de sensorialidade emerja o encontro da realidade imaterial. As emoções passam a estar em função do contato com os abismos profundos da existência, e o sentir a serviço da captação da imaterialidade perceptível no mundo. O *ser interior* não-sensorial tem capacidade de penetração profunda e, em seu espaço potencial, dirige-se ao encontro dos movimentos infinitesimais da natureza, da vida e do Universo. O que sobressai pode ser a fisionomia profunda, alentadora e inspiradora da realidade. O universo imaterial repercute diretamente em nossa interioridade como imanência ao nosso alcance, alimentando nossas mais profundas aspirações.

Nunca é demais insistir no fato de que estamos comumente presos a padrões, sistemas, prismas, teorias, conceitos e outros aspectos sensoriais da mente, assim como a aflições, angústias e turbulências, que determinam ofuscamentos, encobrimentos ou desaparecimentos de nossa consciência da realidade imaterial. O ponto de partida para o atingimento da realidade imaterial está na ultrapassagem das condições aprisionantes da mente, a fim de que esta possa se pôr em harmonia. Devemos, antes de tudo, reconhecer os elementos interferentes e obstrutivos, como a destrutividade, o ódio, a inveja, o medo, o desejo e inúmeros outros. Ao lidar com eles e atingir uma região de compreensão, a mente tende a serenar, colocando em primeiro plano a experiência de imaterialidade. Essa é uma das grandes maravilhas, porque o mundo passa a dizer por si mesmo o que tem a dizer, independentemente das injunções da mente, podendo surgir relações novas, viçosas, luminosas e, quiçá, felizes.

Contudo, sublinhar o lado imaterial não significa desvalorizar ou suprimir a matéria como tal. Muito menos a imaterialidade confunde-se com artificialidades, imaginações, crenças no além ou as simples aparências das coisas. Também não diz respeito ao mundo das Ideias que, em Platão, se acha por detrás do mundo sensível e pode existir sem este. Ao contrário, há naturalidade em certos fenômenos que se mostram imaterialmente. Sob determinadas condições, a base física do mundo transforma-se a nossos olhos em manifestação imaterial, podendo-se dizer que da matéria sobressai a significação imaterial, sendo esta depreendida daquela. O mundo é feito tanto de materialidade quanto de imaterialidade. A ressignificação, que tende a ocorrer por intermédio do contato profundo, transforma os dados concretos em elementos imateriais, quando estes existem de fato. Por exemplo, uma paisagem ou o pipilar de um pássaro oferecem percepções e significados bem diferentes, caso sejam apreendidos de modo padronizado e concreto ou sob o prisma poético do *rêveur*. Para este, a imaterialidade passa a ser a sutilização da matéria, o espírito vivo da natureza, a admirável pulsação do mundo, a primordialidade da vida ou o que quer que possa ser concebido de forma não-sensorial. Seja como for, há infinitos processos na natureza que apresentam a boa forma em seu pleno apogeu, traduzindo-se como imaterialidade. Além disso, o próprio corpo está implicado, na imaterialidade, como unidade indissolúvel do corpo-mente, que oferece apelos especiais à ternura, à vida espiritual, à alegria e ao amor, quando vivemos uma relação próxima, inteira e significativa.

Se não atuar fortemente a constelação do inimigo interno e não for flagrante o distanciamento de contato, os relacionamentos tenderão a se tornar muito amplos, na ordem da expansão de consciência.[2]

2 Conforme o capítulo 7 deste livro.

Uma vez que a pessoa se volte ao seu eixo de equilíbrio e refaça a sua harmonia interna, terá melhores condições de desenvolver sua sensibilidade, sua intuição, sua relação aprimorada com a realidade e, assim, avançar em termos de expansão da consciência. Nos bons momentos, poderá alçar voos do espírito para melhor compreensão do fenômeno extraordinário que nos envolve e de que participamos. Sendo a expansão de consciência associada a graus de liberdade na mente, quanto maior for o grau de contato nesse nível, mais a não-sensorialidade do *ser interior* exercerá sua ação na experiência. Desse modo, maior tenderá a ser a mobilidade psíquica e suas decorrências, em que a vida fluirá em estado não-sensorial e abrirá espaço à experiência de imaterialidade. É possível afirmar, em consequência, que a tendência à melhor expressão, na expansão de consciência, não é cega nem absurda, e sim aspiração à realização da melhor forma possível, tendo por base o contato. Isso é impulsionado pela necessidade de realização da sintonia fina, que tem por princípio a harmonia e por resultante a alegria.

De que modo se manifesta a experiência de imaterialidade? Alguns exemplos são ressaltantes, como veremos.

16.1 A realidade como sonho

Trata-se, aqui, de discernir o caráter onírico não só da vida humana, mas de toda a realidade. Como nos sonhos noturnos, esta deixa de se configurar como concreta, fixa e acabada, dando lugar à dimensão de impermanência, mutabilidade e fugacidade. Por deslizamento fluido da mente, a realidade assume um ar de passagem, evocando o desfazimento nas brumas do acontecer. As coisas dissipam-se no tempo, as circunstâncias atuais deixam de ser densas, estáticas e determinadas para sempre. elas não se referem, porém, à irrealidade nem à inexistência, porque permanecem reais, modificadas pela atmosfera de desvanecimento e de transformação. Em face das coisas, é como se não estivéssemos situacionalmente presentes, dado o relativo vazio de sensorialidade que se instala. Como seria vê-las daqui a centenas de anos?

O mundo em que vivemos não é tão sólido como parece. Podemos procurar seus significados com a mesma atitude mental que temos para com os sonhos. Para isso, os referenciais não são cristalizados, pois se esquivam às coordenadas de tempo e espaço, à estrutura lógica e à ordem convencional com que estamos habituados. Não há fixidez, tudo está em movimento e ninguém sabe onde levarão as transformações. O tempo corrói e modifica, tudo se move como sonho, desfazendo-se como poeira ao vento. O inesperado e o inusitado revelam-se inesgotáveis nas transformações que se sucedem, cujas possibilidades jamais se acabam. Eles fazem sentir um infinito desdobramento de significados, de sentidos ocultos, de surpresas inimagináveis. É inútil agarrar-se à fixação, à permanência e ao desejo preferido. Na visão de sonhos para a vida, descortina-se o engano da concretude instalada, especialmente pelo desejo e pelo medo, que impossibilita a mobilidade transformante e a revelação dos sonhos que o mundo sonha.

Ao mesmo tempo, a realidade tem existência de fato aqui e agora. Ela impõe seu movimento inescrutável sem deixar de ser real. Os seres são reais, ainda que se assemelhem aos sonhos. A auréola perecível movimenta-se sem cessar no devir, *sub specie aeternitatis*, sob o olhar da eternidade. Contudo, o que transparece é a propriedade indescritível deste mundo de nos levar às suas entranhas e de nos mostrar as suas brenhas, desde a clareira em que nos postamos. Também, de nos fazer descobrir que há em nós um ser em relacionamento, pelo qual nos reconhecemos igualmente como sonhos, conquanto haja fortalecimento de contato para a penetração na obscuridade.

Da prisão sensorial ao poético desprendimento deixamo-nos levar pelo movimento natural das coisas, em direção ao imponderável.

No *détachement* da atmosfera de sonhos, flutuamos no universo dos possíveis, aceitando as transformações sem atropelo, sem mágoa e sem dor. Não há desvinculamento nem desamor, e sim ligação não-sensorial, longe de se tomar a concretude como objeto de veneração. O grande amor independe da prisão ao objeto e entrega-se ao mundo transformante. Alegra-se pelo vínculo imaterial, numa mudança de perspectiva em que a vida é suave.

16.2 O mundo como imagem artística

Similares às imagens dos sonhos são, sob certos aspectos, as imagens mentais espontâneas que se manifestam artisticamente. Ambos os tipos têm por denominador comum o alargamento da visão interior para a apreensão dos fatos. As imagens espontâneas brotam do fundo da mente, seja em estado de vigília ou entre a vigília e o sono, sendo muitas vezes compostas por formas coloridas, iluminadas e resplandecentes. Não há para elas controle racional e consciente, porque se impõem de modo não deliberado e com naturalidade. Geralmente, são figuras delicadas, cores esmaecidas, luzes suaves e movimentos maleáveis que aparecem, trazendo deleite ao espírito, abertura ao acolhimento e à ressignificação do mundo. Na visão interior, elas surgem em forma de pigmentações, manchas e imagens bem configuradas, coloridas e iluminadas, sob arranjos multicoloridos e delicados, como se fossem joias, flores, pássaros e outros seres da natureza, emprestando à mente um ar de leveza, amplitude e harmonia. Trata-se do acolhimento, no espaço interno livre e na mobilidade da flutuação, das formas, dos brilhos e das cores que são tão imponderáveis quanto o perfume no ar. A eteridade dessas aparições coexiste com o deslizamento fluido, que faz delas uma arte interior e modifica toda a apreensão da realidade exterior. Estão ausentes os ingredientes sensoriais pesados, deixando a mente totalmente aberta. Daqui os relacionamentos tendem à harmonização. Por exemplo, a claridade diurna, como uma imagem da mente, penetra-nos com suas cores, brilhos e vibrações, por isso nos sentimos participantes da majestade da natureza com alegria e vigor. A radiância mostra-se em profundidade e, com ela, a alegria de fazer parte da vida extraordinária que nos inclui em seu seio.

Sintonizamos o mundo desde a etérea leveza da experiência. A fisionomia do mundo transmuda-se graciosamente, alcançando refinamentos inusitados. Revela-se uma profusão de tonalidades, vibrações e delicadezas, que poderiam sem exagero chamar-se ternura do mundo em simplicidade existencial. São formas harmoniosas, movimentos gráceis, cores amáveis e cintilâncias que fazem vibrar o nosso espírito, pronto a receber as confluências fugazes da natureza, ainda que seja num único instante. Pela disposição interior, apreendemos a existência de um mundo antes insuspeitado. A matriz interior encontra a imaterialidade do mundo manifesta diretamente à percepção. Sabemos o que está fora pelo que primeiramente está dentro, mas o que está fora tem existência real. Para vê-lo, é necessário que a interioridade se depure sensorialmente e a limpidez seja comunicada por via das imagens artísticas espontâneas.[3]

Em paz consigo próprio e com o mundo, o espírito aquietado descobre a natureza em seu vicejar, revelando a harmonia que está nela. As expressões artísticas, que desse modo nos surpreendem, denunciam a beleza imaterial do Universo, que só se encobre a um olhar desprovido de penetração. Quando a eteridade do mundo se faz presente, remete ao sentido das coisas em sua pureza original. Uma realidade mais profunda comunica-se com a mente humana e, por vezes, é a eterna juventude da natureza que se mostra aqui e agora.

---

3 Ocupamo-nos aqui das imagens visuais, reconhecendo, contudo, a importância das imagens auditivas, olfativas e outras, como foi apontado em Trinca (2014).

Em tudo isso percebe-se a correnteza profunda do ser. Ela está presente na mobilidade que se apresenta por imagens de fluidez e versatilidade: imagens que denunciam a não-sensorialidade do ser. Constituindo-se no relativo vazio de sensorialidade, elas são a presença do ser em estado consciente, comunicando liberdade, leveza e amplidão, na plena limpidez do espírito e na sua espontaneidade criativa. O sentido original dessas imagens está, primeiramente, em exprimir o sentimento de existência própria em estado expansivo. A luz interior, por exemplo, diz respeito ao ser em sua expressão verdadeiramente profunda e imaterializada. A não-sensorialidade do ser assoma à consciência, de sorte que quanto maior for a sua ação no *self*, maior será a expansão de consciência. Os componentes não-sensoriais do *ser interior* manifestam-se de forma diversificada, conforme os graus do contato, podendo implicar, em sua variedade, a experiência de imaterialidade. Nos relacionamentos, manifesta-se o seu *modus operandi*, fazendo-nos encontrar o mundo e rejubilar por sua existência.

Se as imagens artísticas espontâneas realizam uma forma de compreensão, elas o fazem por intermédio de sínteses nas relações com o mundo, nas quais este é percebido de modo relativamente integrado. Isso difere essencialmente da atitude de tomar o mundo como malefício, fragmentação e absurdo. A visão trágica pode ser contrabalançada e substituída pela visão radiosa, quando o contato se amplifica. Nas imagens artísticas espontâneas está presente a alegria de viver, porque elas são o próprio ser em mobilidade e em sintonia com um mundo que faz sentido. A fisionomia deste resplandece, ao sentirmos que a beleza e o acolhimento são inerentes à sua existência.

16.3 A vida como expressão de alegria

Para a alegria, o ponto de partida é, sem dúvida, o sentimento de haver vida dentro de si mesmo, que se manifesta no interior do sentimento de presença de si, em contato expansivo com o foco interior de vida. A vida interior conecta-se com a exterior no relacionamento com um mundo repleto de existência, partindo da espontaneidade do espaço interno em liberdade, soltura e leveza. Aqui se trata do próprio ser em amálgama com o fluxo de vida, dirigindo-se ao fundo das coisas. Nessas condições, o mundo externo, tanto quanto o interno, pode ser experimentado como vivo em seus movimentos praticamente indescritíveis de presença de vida. São movimentos em que a vida resplandece galharda e belamente em miríades de manifestações. Está presente no viço da planta, nos galhos e folhas que se balançam com lentidão, nas flores luxuriantes, no frêmito do matagal à brisa mansa. Ela está, também, nos seres humanos e em toda a natureza animada: na revoada dos pássaros, no voo incerto da borboleta, no canto lúgubre do grilo e em tudo o que seja um convite à celebração. Urge a captação da vida como fenômeno flutuante na eteridade de seus movimentos, em suas formas expressivas e em suas variações infinitas. Sua essência é em si mesma imaterial e inapreensível, mas podemos ter dela uma percepção sutil, ao nos fazer sentir que algo está vivo e bem vivo, irradiando energia e vigor. A centelha inefável da vida mostra, por vezes, um aspecto grácil, sutil e etéreo, insinuando-se suave e docilmente como refinamento e finura. São momentos em que, para nós, transparecem inconfundíveis a novidade, o frescor e o encanto do que é vivo, em sua fluidez e leveza. Somos levados a sentir que, pelo fenômeno vivo, a natureza tende ao imaterial, especialmente quando se torna leve e fresca como o vento, no sopro que a anima.

Na fonte inexaurível de vida em que se constitui a natureza, é sempre uma pequena fresta que se revela. Para a percepção de sua imaterialidade arredia, nossa interioridade depende da limpidez. A presença interna de vida não se confunde com o prazer sensorial. Ao contrário, surge como realidade por conta do afastamento dos obstáculos interpostos pelo domínio sensorial do *self*. Importa, pois, que a mente desperte de sua letargia e de sua obstrução. O fenômeno vivo, em sua imaterialidade intrínseca, poderá se apresentar mediante elaborações psíquicas de grande amplitude, especialmente em relação à sensorialidade e à fragilidade do *self*. A novidade de seu fulgor esquiva-se e apaga-se em face das memórias sensoriais persistentes, do encarquilhamento dos condicionamentos e dos comprometimentos psíquicos de toda ordem. Se a presença de vida é uma manifestação do ser de cada organismo vivo, para que ela se torne luzidia os seres não devem se desviar de suas expressões vitais, nem sofrer processos internos de dissintonia. O mesmo ocorre quanto à percepção fina da vida que, por sua sutileza e eteridade, depende da transparência do mundo interno clarificado.

A vida infinita é essencialmente a mesma que se dá e se renova por toda parte, individualizando-se nos seres. Muito além de representar somente "um conjunto de funções que *resistem* à morte",[4] como aponta Bichat (*apud* ROSSET, 1989a, pg. 113), há a significação da chispa indefinível que se apresenta em cada ser. É transcendido o padrão material de que ela se constitui, a fim de tornar-se uma explosão de energias que, no conjunto, compõem uma sinfonia universal, ressoando de abismos insondáveis. A significação de cada vida reside no valor em si de viver o sopro de vida concentrado em cada ser e de torná-lo uma expressão para si. Manifesta-se por meio do indivíduo alguma coisa sublime, presente em toda a criação. No contato visceral e por inteiro com a vida, o Universo como um todo e cada uma de suas partes passam a ser sentidos como significativos. Um contato que recentraliza o problema básico do viver, fazendo com que o mundo seja visto com outros olhos e experienciado com nova alma. A consciência de existir dá significação plena ao que acontece todos os dias e, ligada à vida, a mente experimenta o sabor da alegria.

---

4 O grifo consta do original consultado.

16. 4 A mente como alargamento

O alargamento do espaço mental contrapõe-se à sua estreiteza, não no sentido moral, mas como atitude mental. É um assunto da alçada psicanalítica, tendo sido abordado de inúmeras maneiras. Sublinhamos especialmente o trabalho de Marion Milner (1986) sobre a atenção ampla e a atenção estreita como diferentes formas de encarar os fatos. Na atenção estreita predominam o utilitarismo, o imediatismo, o automatismo e a infantilização, enquanto na atenção ampla há lugar para o contato descentralizado de desejos, intenções e seletividades, que criam embaraços à percepção e ao conhecimento. No atendimento psicanalítico, temos visto que o estreitamento corresponde à atitude mental em que o *self* é dominado por emoções obscuras, turbulentas e primitivas, conduzindo a defesas poderosas de desvinculação com a vida. Há um fundo sensorial que determina a natureza e a qualidade dos relacionamentos, afastando a pessoa da conexão com o que independe dos prismas por ela adotado. Esse fundo é constituído por inseguranças, ameaças e ataques de todo tipo, de tal modo que a mente se torna incapaz de ultrapassar os dados sensoriais brutos, nos quais se enreda. O aprisionamento, sob o jugo de emoções passionais, impulsos cegos e desejos impositivos, coloca a pessoa tributária do imediatismo, da visão medíocre, do egocentrismo, das reações turbulentas e das formas toscas de lidar com a realidade. Disso resultam noções parciais e horizontes limitados a respeito do mundo, que conduzem a opções rudimentares, quando não a adesões francamente inclinadas à estupidez e à bestialidade.

Nessas situações, quando se avolumam a extensão e o alcance do embotamento da sensibilidade e da perda do sentido de humanização, as sociedades humanas tendem a se tornar cruéis ou, então, parecidas com imensos formigueiros, construindo um *mundo humano* coisificado. No plano político, tendem a surgir governos opressores e totalitários, por conta da idealização de uma ordem que operaria contra toda ameaça. Como pano de fundo, porém, está a figura do homem-coisa, desfigurado de sua condição humana, revelando sua incapacidade de penetração nos sentidos mais profundos da realidade.

Como superar a visão estreita e alcançar alargamento? A questão pode ser reformulada: Como transcender os dados meramente sensoriais do *self*? A resposta envolve a observação atenta e a compreensão do que se passa no *self*, em especial as atividades das emoções em estado primitivo, que não são pensadas nem elaboradas. A expansão de consciência implica, na ordem do conhecimento, a percepção clara e distinta da própria pequenez da mente em seu aprisionamento sensorial.[5] Ao reconhecer a estreiteza e aceitar o estado em que se encontra a mente, poderá ocorrer *insight*. A realidade dos fatos inclina-se a impor-se por si mesma, do que decorre uma abertura ao manancial da vida interior. Ao conhecer plenamente a significação da pequenez, são criadas condições de compreensão mais abrangente. A mente dispõe-se de tal modo que, ao sair da perspectiva ilusória, dá um passo libertador, refletindo-se sobre a atitude geral perante a vida.

Na autopercepção, estando pacificada a interioridade, silenciam-se as atividades buliçosas do *self*, dando lugar à tendência de diminuição da sensorialidade excessiva. O espaço interno abre-se à manifestação da não-sensorialidade, em que a leveza, a claridade e a amplidão são marcas distintivas, além de outras. A abrangência de visão das coisas é adquirida na abrangência interior, em cuja base está o ser. Como já apontamos, a existência mais profunda contém um fluxo espontâneo, cuja limpidez descobre um mundo amplificado, visto que sua natureza imaterial tende a se manifestar.

Quando a mente se alarga além dos panoramas imediatos, obtém uma consciência mais profunda e universalizante da vida

5 Em conformidade com Spinoza (1999, p. 488), entre outros.

humana e da vida em geral. Ela se situa numa região de aceitação dos processos naturais, que incluem a grandeza e a pequenez, o belo e o feio, o bem e o mal, o amor e o ódio. Partindo da visão da vida como amplo desdobramento de experiências, a mente não se deixa conduzir ou ofuscar pela absolutização da desgraça, nem pelo desamor à vida. Livre de ameaças, pode contemplar a realidade mais profunda, lidando com as vicissitudes. Assim, o amor à vida nasce da compreensão vivencial de conjunto, que brota no interior do espaço de alargamento e de acolhimento.

17. Imaterialidade: os sentidos mais profundos II

O que temos chamado de experiência de imaterialidade expande se para níveis aprofundados de relacionamentos que, numa abordagem inicial, como já assinalamos, incluem a harmonia, a visão de sonhos, a presença de vida, a primordialidade, a atemporalidade e o mistério, entre outros aspectos. As descrições, aqui, não esgotam as possibilidades que ela comporta. Quando a mente se expande, os fatos colocam-se em contextos de largos horizontes e a receptividade abre-se ao desconhecido. A quietude e o silêncio vêm se instalar para a penetração nos enigmas e o acolhimento das surpresas que o mundo nos reserva. Essencialmente, quietude e silêncio expressam estados de harmonização interior, que permitem sintonia com o exterior. A experiência tende a ocorrer na tranquilidade do contato com um mundo que existe por si mesmo, em pleno despertar para nós. Como sujeitos da experiência, nós nos afastamos da sensorialidade onipresente, deixando ao fim um estado experiencial livre e disponível para perceber, pensar, sentir e compreender o que se apresenta. Desfeitos os sistemas mentais rígidos, as coisas aparecem sob novas fisionomias. Por exemplo, as flores à nossa frente habitam um mundo silencioso de palavras e conceitos; assim, elas esplendem no silêncio de suas existências. Têm cores, formas e brilhos que fulgem em uma atmosfera fora do tempo. Alheias ao *mundo humano*, servem antes para ser pintadas, pois a arte tem melhores condições de representar o êxtase que refulge das coisas.

17.1 O Universo como perplexidade

Ainda que a oposição e a luta dos contrários sejam voz corrente entre os filósofos antigos e modernos, a natureza, por vezes, alcança culminâncias de paz e silêncio, mostrando-se em patamares harmoniosos. Nesses momentos, realiza-se a síntese de várias tendências. Em vez de as leis gerais da natureza se constituírem em "baixo grau de objetivação", como queria Schopenhauer (1941, p. 108), elas participam da harmonia a que tende no geral o Universo. A harmonia sobressai do próprio fato de a natureza conter possibilidades de ultrapassagem da polarização dos opostos. Essa é uma ocorrência verdadeiramente jubilosa, de que todo ser vivo pode participar. Já vimos que, nos processos de obtenção dos estados de melhor realização possível, que correspondem ao atingimento de sua inteireza existencial, cada ser vivo pode encontrar níveis ótimos de autoaperfeiçoamento e de autorrealização, representados por pontos culminantes de seu desenvolvimento, nos quais se revela a harmonia. São pontos em que predomina a tendência à boa forma, por cessação de resistências das forças de destruição e de morte. Nesses patamares, em que os seres manifestam culminâncias do que verdadeiramente são como seres e em que são preenchidas condições favoráveis à obtenção da harmonia, verifica-se a *superação das oscilações dos opostos*. Deixam de predominar, ainda que provisoriamente, os antagonismos entre a construtividade e a destrutividade, a ordem e a desordem, a vida e a antivida, o amor e o ódio. Nem sempre é possível a superação, mas, se a natureza o consegue, ela revela estados sutis e rarefeitos, que vão além da conflagração e da turbulência, mesmo que, depois, a harmonia atingida se desfaça, reaparecendo a oposição e a luta. Nessas condições, *a imaterialidade realmente existente pode se apresentar em todo o seu vigor à consciência expansiva.*

A ordem, a beleza e a harmonia são muitas vezes suficientes para dar sentidos de vida e significações ao viver, tendo por ponto de partida a integração psíquica. Estar em acordo com a harmonia da natureza não significa tomá-la idealmente por modelo, como fizeram os gregos antigos com o cosmo, e sim encontrar a harmonia interior que se comunica com a harmonia exterior.

As confluências prodigiosas da natureza conduzem ao encontro de sua transfiguração. Em vez de observações superficiais, somos levados às emanações de delicadeza, cintilância e esplendor dos próprios objetos circundantes. Se estivermos atentos, a sublimidade poderá surgir das feições transfiguradas, existentes na realidade fenomênica. Por exemplo, um vento morno de verão sopra docemente, fazendo frigir as folhas dos arbustos balouçantes. O som torna-se "líquido" e móvel, como as águas de um tranquilo riacho. Apesar do movimento, as flutuações das plantas e de tudo ao redor comunicam a suavidade de um mundo silencioso. Um céu anil, sem nuvens, compõe-se com as ondulações das plantas e integra-se ao brilho quase irreal das flores amarelas e vermelhas, que faíscam. Tudo ressalta em beleza imaterial, descortinando um mundo de pigmentações coloridas, formas oscilantes, brilhos cintilantes e sons ondulantes, nos quais ele se transfigura para nós. São chispas fugazes de uma realidade que subsiste por si mesma. Tudo parece flutuar em ritmo lento, e o Universo transfigurado vem a nós, em nosso acolhimento e receptividade. Qualquer emoção disruptiva afastaria a sua extrema pureza.

Se a realidade fosse mera aparência sem substância, poder-se-ia confiar no conhecimento? Temos insistido no fato de que o conhecimento se torna mais factível quando desvinculado de interferências sobre o *self*, especialmente daquelas que se originam da fragilidade e da sensorialidade. Por exemplo, as experiências puras, vivenciadas de modo atemporal, têm um valor universal de validade e de confiabilidade, uma vez que nelas estão ausentes as obstruções e elas não se afastam da consciência de si, proporcionando condições para a percepção da realidade externa. A experiência de atemporalidade constitui um grau elevado de não-sensorialidade, em que a sensorialidade se afasta para a periferia da mente, permitindo o discernimento da realidade mais profunda. A limpidez desta revela-se como fora do tempo, quando a mente se livra de embaraços e o tempo, condicionado psiquicamente, deixa de ter importância. No lugar do tempo, há silêncio atemporal e o que transparece pertence ao sempre. Em sua quietude atemporal, uma paisagem de mar, céu e estrelas, por exemplo, está em relação com algo que sempre existiu e, na mente, há uma claridade que a situa em qualquer tempo, independentemente das circunstâncias. Se, para sua manifestação, não contam o tempo e as circunstâncias, esse é um critério de validade e tudo se resolve por expansão de consciência.[1]

De modo semelhante, é possível apontar a infinitude. Ela é suscitada por intuição e dela temos apenas indícios e vislumbres. Há sugestão de infinitude em algo que nunca acaba de se manifestar, como de não se manifestar, indicando não a existência sobrenatural, mas aquela fora do espaço-tempo, tomado como concretude. Delineia-se um horizonte além do qual é evocada uma continuidade sem limites. Podemos imaginar a clareira em que vive a humanidade, cercada de desconhecido e mistério, cujos confins são invisíveis, de onde promana uma linguagem indecifrável, vinda do fundo das idades e do infinito pulsar da criação. A pintura e a poesia chinesas da época clássica não se cansam de evocar a infinitude em face do silêncio dos vastos panoramas e do vazio sem forma. No Ocidente, as melhores

---

1 Um desenvolvimento do tema encontra-se em Trinca (2014).

obras de arte tendem a representar a infinitude. Nelas, geralmente, a eternidade se faz ecoar em chispas de surpresas, revelando-se no instante passageiro. Tanto que, em *Hamlet*, Shakespeare (1979) disse que, mesmo metidos numa casca de noz (a representação simbólica da condição humana), poderemos nos assenhorear do infinito. Se estivermos abertos à natureza íntima da realidade, veremos que a infinitude participa da finitude, e essa perspectiva modifica essencialmente os dados de nossa inserção no mundo.

O mesmo se poderia dizer da experiência de totalidade, que é uma relação com o todo, vivenciada por meio da imanência. Nesse caso, também, a harmonização da mente é condição *sine qua non* para seu alcance. Consiste em uma dimensão psíquica na qual os conflitos e as turbulências não criam divisões e separações no *self*. Como vimos, quanto mais o *ser interior* lança sua luz no *self*, menos este é influenciado por outros fatores. Na experiência de totalidade, há conformidade entre ambas as instâncias, que tendem à unificação. Predominam o silêncio de sensorialidade e a eliminação das dissintonias, de modo que a experiência de imaterialidade se mostra por alto grau de não-sensorialidade. Um fenômeno corriqueiro poderá revelar sua pertinência ao todo, caso os ruídos encobridores da realidade tendam a cessar. Nossa atenção se volta espontaneamente à percepção do significado total daquilo com que entramos em sintonia. Descobrimos que o foco não é a simples percepção externa, mas a união com o que é percebido, de tal modo que sujeito e objeto passam a pertencer a uma unidade, a uma totalidade. Conserva-se fortalecida a identidade do sujeito, mas o foco da atenção, sendo unitário, não separa o interior do exterior, o sujeito do objeto. Na experiência, como sujeitos, fazemos parte da totalidade, assim como o objeto, iluminado pela existência do todo. Uma mulher, um pássaro ou uma casa não são completamente separados de nós. Vivemos a graça de nos sentir em união com eles, num ponto em que se concentra toda a energia. A totalidade, que a tudo unifica, faz-nos partícipes de uma experiência em que estão contidas as coisas. Entretanto, na unificação, não é a nossa existência particular que tem relevância, porque cedemos lugar à própria experiência, que nos envolve por inteiro. Somos, por assim dizer, aquela pessoa, aquela ave e aquela casa, não por identificação, mas por participação unificada, em que dentro e fora não são levados em conta.[2]

Tudo ocorre de forma que a imensidão do todo se exprima com profundo sentido, fazendo-nos sentir que estamos imersos numa ordem universal. Tudo o que existe nesse patamar nos fascina e podemos extrair o máximo de significação no encontro do fenômeno extraordinário que nos envolve. Quanto mais o penetramos, maior se torna nosso assombro. Cada ser é em si mesmo uma expressão dessa totalidade, que pode se apresentar em cada experiência particular. Por ela, encontramos significação na vida, não por crenças, ideologias e desejos, senão por penetração experiencial. Ao sentir que fazemos parte do todo, tornamo-nos conscientes da obra descomunal que se manifesta. A experiência de totalidade faz sentir que vivemos numa dimensão harmoniosa, e isso é tudo de que necessitamos para a alegria.

Por vezes, somos levados ao fundo de mistérios que o Universo contém. Alguma coisa indefinível, muito além do que a mente humana é capaz de situar e compreender, está no horizonte de nossas indagações. Aí reside nossa perplexidade. Os nomes que costumamos dar mostram-se totalmente vãos para abarcar a complexidade e a inesgotabilidade de um Universo que nos impacta e nos fascina. Se dele somos partes e criaturas, diante dele nos achamos desarmados. A recuperação de sua linguagem primordial conduz-nos às fendas que se abrem para os enigmas que ele encerra. Enigmas de limitada decifração, que envolvem a vida e a morte, a claridade e a obscuridade, o deslumbramento e a desesperança. O Universo deixa em aberto

2 Para uma descrição mais ampla, cf. Trinca (2019).

infinitas significações encobertas, dentre as quais a nossa própria significação. Como compreender o incompreensível, a invisibilidade insuperável, o assombroso desconhecido? Caminhamos diligentemente em direção ao desvendamento, com entusiasmo por tudo o que passa à esfera do conhecido, mas também pelo desconhecido fora de nosso alcance. Por maior que seja a visibilidade, sempre maior é a invisibilidade,[3] de modo a tornar-nos cuidadosos em nossas afirmações. O mistério está presente em tudo, até nas coisas conhecidas. Como nossos pobres sonhos, os sonhos do mundo dão formas à inesgotabilidade, em desdobramentos infinitos. A fonte inexaurível de vida espalha-se por toda parte. O fascínio está em nossa imersão no desconhecido, criador de novas formas, que renovam sem cessar o espetáculo da vida. Não somos mortos-vivos, enclausurados numa realidade cristalizada, mas participantes de transformações plenas de vida. O imenso desconhecido é estímulo à eflorescência, à novidade e à surpresa. Nisso reside a nossa alegria, que não está apenas em conhecer, mas em viver. Viver num Universo assombroso, cheio de enigmas e mistérios, é um convite sempre renovado ao inefável e, em nossa união com ele, ao amor à vida.

17.2 A imaterialidade como estética

Se, como estamos observando, a experiência de imaterialidade corresponde a um *self* relativamente límpido e depurado de saturações sensoriais e de outras interferências, nela os sentidos mais profundos da realidade tendem a se apresentar. Veremos agora que o encontro da realidade mais profunda, associada à experiência de imaterialidade, revela-se por sentimentos estéticos. Tudo o que apontamos até aqui constitui uma afirmação implícita a esse respeito. Há razões para afirmar que a estética está presente em diferentes manifestações

3 Em conformidade com o pensamento de Morin (2017).

dessa experiência, desde as mais simples imagens artísticas espontâneas até as mais elaboradas formas de atemporalidade, infinitude e totalidade. Surpreendemo-nos com graus maiores ou menores de harmonia, tanto quanto com distintos níveis de quietude e silêncio, nos quais as manifestações estéticas se dão a conhecer. Além disso, uma imagem do mundo com amplo sentido estético é derivada da experiência de imaterialidade, como descrevemos anteriormente (TRINCA, 2019). Encontramos um fundo imaterial em comum, experimentado pelos seres humanos ao longo do tempo, desde as cavernas pré-históricas até os dias atuais, tendo por substrato a comunicação estética particularizada em cada época e em cada lugar. A ênfase é colocada no predomínio da não-sensorialidade, tendo por efeito a expressão estética dos princípios imateriais.

A beleza, como propriedade inerente ao mundo, melhor se deixa transparecer quanto mais o penetramos com limpidez de espírito. A natureza imaterial do mundo, não sendo sobrepujada ou ofuscada pela sensorialidade, torna-se visível em nossos bons momentos de sintonia. A estética que se origina da experiência de imaterialidade diz respeito à penetração na realidade imaterial do mundo, dado que o diálogo entre o ser humano e o mundo conta com possibilidades de captação estética dessa realidade. Distintas formas de artes originam-se da estética dessa captação. Elas são expressões da apreensão, em contato profundo, da existência de um mundo imaterial, presente como realidade fenomênica. Assim se dá, também, com os símbolos estéticos, em sua fluidez e evanescência. Nessas representações, as formas artísticas surgem praticamente como uma expressão natural, se os sofrimentos, medos, angústias, desejos, condicionamentos e outros produtos sensorializados deixam de predominar. A grande arte, associada à sensibilidade, à intuição e à liberdade criativa, resulta de domínio sobre as forças que, no *self*, impediriam sua manifestação. Pela limpidez de espírito, a contemplação é alcançada na esfera da não-sensorialidade. Em vez de *desiderata*, puro objeto do desejo, a contemplação apresenta-se espontaneamente, em estado de frescor original. A mobilidade do ser entra em contato com a mobilidade do mundo, pondo à luz a natureza das coisas em relacionamento profundo, que alimenta a liberdade criativa. Em especial, a natureza tende a se desnudar na contemplação do fenômeno imaterial.

Essa estética pode ser considerada em contraste com a concepção de Schopenhauer a respeito da arte, tal como ele a desenvolveu no Livro III de *O mundo como vontade e como representação*. O assunto se tornará mais claro ao analisarmos particularmente essa concepção emblemática. Para Schopenhauer, a arte é uma forma de objetivação que não diz respeito à Vontade, mas à apreensão da essência íntima das coisas, isto é, das Ideias. Ela não se refere ao conhecimento pela razão. Ao contrário, libertando-se completamente da Vontade, a arte revela um aspecto inocente e virginal, que se descobre pela contemplação inteiramente absorvida no objeto. Estando além de todo sofrimento e de toda perturbação do mundo, ela é "um arco-íris que plana tranquilo acima do tumulto da tempestade" (SCHOPENHAUER, 1941, p. 142). A arte é, assim, um florescimento da vida, pertencente ao mundo das Ideias e não dos conceitos, entendendo-se por Ideias as formas puras, independentes de relações concretas. Contudo, o platonismo de Schopenhauer é apenas relativo, porque a contemplação não estabelece um outro mundo, nem provém de fora da objetivação do mundo fenomênico, ainda que o objeto estético se subtraia à concretude da matéria. O objeto estético cintila numa aura distante do mundo objetivado pela Vontade, que é composto por espaço-tempo e sensorialidade. Enquanto a arte reproduz as Ideias, que constituem as essências imateriais dos objetos da contemplação, o mundo visível é feito das inumeráveis manifestações do princípio de individuação, em suas relações no interior do espaço e do tempo. Desse modo, a arte mostra um outro lado da existência, longe de representar disparate, logro e horror.

Em Schopenhauer, a verdadeira contemplação, a única a seu ver que realiza um conhecimento puro e independente dos desejos, é aquela que, alforriada e afastada dos fenômenos inferiores da Vontade, alcança estados de tranquilidade e de isenção do sofrimento, de modo a ser um espelho límpido da natureza do mundo. Nessas condições, a contemplação desinteressada de fins pessoais torna-se beatitude, em que a calma surge diretamente do desprendimento do "detestável Eu" (SCHOPENHAUER, 1941, p. 149).

Em nossos termos, a sensorialidade do *self* deixa de ser uma interferência, deixando à contemplação condições de tranquilidade e silêncio, nas quais as coisas se mostram como existem por si mesmas. Pelas palavras de Rosset (1989b, p. 24), na contemplação schopenhaueriana concebemos as coisas "segundo o que elas são em si e por si", sendo retirado de cena o sujeito. Não se trata, porém, da retirada de cena do próprio ser, e sim do *self* contaminado por sensorialidade. Conforme nossas observações, o *self* torna-se livre por grande presença do *ser interior* e, assim, permite à pessoa elevar-se à contemplação objetiva. Referindo-se ao esquecimento de si próprio na contemplação, Schopenhauer certamente aponta o que temos designado como *self* sensorial, que necessita do depuramento de suas saturações, a fim de a pessoa guindar-se à condição de sujeito conhecente. Sua grande intuição está em que, para a emergência do objeto estético (que se define como produto da contemplação), o artista de gênio deverá estar silente e límpido para representar a natureza em sua alta manifestação, que se aproxima ou se realiza em sublimidade e em esplendor. Isso significa que, sob certas condições, o artista é capaz de apreensão da realidade mais profunda, que existe como realidade estética, estando disponível à captação. Então, surpreendentemente para nós, Schopenhauer coloca o mundo sob um novo vértice, que passa no conhecimento puro de sensorial a imaterial.

É interessante lembrar que Schopenhauer equipara, na contemplação, a arte com a natureza, estando ambas libertas da subjetividade sensorial do *self*. O apaziguamento deste é indispensável para a penetração nos arcanos da imaterialidade, que se encontra tanto na arte quanto na natureza. Como sabemos, é no silêncio do *self*, sob a ação do *ser interior*, que poderá haver lugar para a experiência estética, sendo esta mais bem favorecida quanto maior for a expansão de consciência, especialmente na tendência à unificação entre essas instancias. Liberada do peso esmagador da sensorialidade e de outras interferências, a contemplação torna-se pura e intuitiva. O objeto estético que alcança a perfeição das Ideias não é outro senão aquele em que, na contemplação, o *self* se apresenta sob alto grau de unificação com o *ser interior*, sendo possível, por conseguinte, a experiência de imaterialidade em seus níveis mais elevados. Schopenhauer percebeu-o claramente dentro do quadro de suas concepções, dando à experiência estética o valor que atribuímos à experiência de imaterialidade. Ele o expressou em inúmeras passagens de seus escritos, apontando a existência de um mundo transfigurado pela arte, em que "objeto e sujeito estão fora do tempo" (SCHOPENHAUER, 1941, p. 148). Assim, o objeto artístico "torna-se o representante do todo" (SCHOPENHAUER, 1941, p. 141) e "os inconstantes fenômenos são fixados em pensamentos eternos" (SCHOPENHAUER, 1941, p. 143).

Nota-se uma contradição flagrante, em Schopenhauer, entre seu arraigado pessimismo e suas penetrantes observações estéticas. A contradição é apontada por inúmeros pensadores, inclusive por Rosset (1989b), que distingue dois tipos de prazeres na estética de schopenhaueriana: um deles, o prazer de liberação, é decorrente das concepções pessimistas; o outro, o prazer de intuição, é fonte de rejubilação, de alegria. Contudo, o próprio Schopenhauer, estando excessivamente embebido pela ideia do mal existente no mundo, trata a arte como mera consolação provisória e ineficaz, que não liberta o artista "senão por curtos instantes" (SCHOPENHAUER, 1941, p. 165). Não pôde conceber o alcance da abertura mental em larga escala à não-sensorialidade, que alteraria toda a perspectiva a respeito da realidade interna e externa. Vendo na individualidade apenas a manifestação de um querer-viver cego, cruel e aprisionante, Schopenhauer não pôde vislumbrar a libertação do *self*, para contato com uma realidade mais profunda. Ao colocar em plano exponencial o vértice do *self* sensorial, não lhe foi possível conceder espaço na mente à não-sensorialidade do *ser interior* em expansão de consciência. Na verdade, ele tomou o *ser interior* pelo *self*, absolutizando a ação deste, sem a presença daquele. Apesar disso, entreviu o alcance da significação do contato com um universo mental distinto dessa perspectiva. Nessas ocasiões, sua visão se torna amplificada, seu conhecimento se purifica e sua fala alcança o apogeu.

De modo geral, fica claro que, por ultrapassagem momentânea da sensorialidade e da fragilidade, a contemplação desvela a beleza, a grandeza, a harmonia, a atemporalidade e a sublimidade que se encontram objetivamente na natureza, na vida e no Universo. Mais do que isso, a contemplação sustenta-se na obtenção do silêncio interior, em que se descortina, por intuição, a face oculta e esplendorosa do mundo. Um passo além, que Schopenhauer não chegou a dar, corresponderia à rotação de perspectiva, na qual o mundo, além de sofrimentos e desgraças, tem a oferecer dádivas e alegrias satisfatórias. Ao subestimar sua intuição estética, Schopenhauer eliminou o sentido da vida e de viver neste mundo.

Certamente, percebendo a contradição, Schopenhauer procurou minimizá-la por intermédio da música, separando-a e discriminando-a das outras artes. Ele situou a música não em relação às Ideias, nem ao mundo, mas intimamente ligada ao fundo abismal da realidade. Dentre todas as artes, a música ocupa um lugar excepcional e privilegiado em seu sistema estético. Se as outras artes são reproduções das Ideias, a música (a bem dizer, aquela de Mozart, Rossini e Haydn) passa distante das Ideias, sem ser afetada por elas. Para Schopenhauer (1941, p. 159), "a música, que vai além das Ideias, é completamente independente do mundo fenomenal". Como as Ideias, ela é uma objetivação imediata da Vontade e coloca-se em plano igualitário com elas; ou seja, a música é a própria reprodução da Vontade. Por isso, ela exprime a multiplicidade dos desejos humanos, ao exprimir-se apenas a si mesma. De acordo com o filósofo Santiago Espinosa (2016, p. 61), além de ser como a realidade, a música é, para Schopenhauer, "indizível, irrepresentável, incompreensível e, sobretudo, ininterpretável". Ela se mantém indissolúvel do fundo abismal da Vontade, não tendo simbologia decifrável. Se o tivesse, poderia mostrar em sua linguagem universal vislumbres de primordialidade, de atemporalidade, de totalidade, de eternidade e de mistério, como se encontram nas outras artes. A música quer revelar a essência íntima do mundo que, para Schopenhauer, permanece inatingível; por isso mesmo, vem combinar melhor com a sua doutrina da Vontade penivelmente soberana. Pela música, em vez de nos unirmos às feições primárias do mundo e de nos elevarmos à esfera da imaterialidade, vivenciando a alegria, temos, ao invés da luminosidade, o "sombrio precursor". Rosset (1989b) emprega esta expressão para designar, na estética de Schopenhauer, uma origem assimilada à potência de morte. Vemos nessa expressão, porém, a pertinência direta à Vontade, relacionada exclusivamente à música, que não se aplica de modo imediato às outras artes. Em sua teoria geral, Schopenhauer faz da música um exemplo à parte, a fim de dar consistência às suas convicções pessimistas, em face da contradição estética apontada. Entretanto, ao dar maior coerência à teoria, cria uma nova contradição: ele, que amava a música, torna-a a própria encarnação da nefasta potência de morte. A contradição, enfatizada por vários comentadores, faz afastar, também, todo o simbolismo da "música das esferas".

Apesar de tudo, Schopenhauer teve o pressentimento e o vislumbre da imaterialidade na experiência estética, que lhe serviu de referência para o descortínio de um mundo pacífico e harmonioso.

Igualmente, suas observações apontam, por um lado, a percepção do submetimento ao domínio da sensorialidade e, por outro, o horizonte da libertação. Ele diz claramente que, havendo "uma disposição íntima que nos arreda repentinamente da corrente incessante da Vontade e arrebata o conhecimento à escravidão desta... então, num repente, a calma surge por si mesma" (Schopenhauer, 1941, p. 147). Seu pessimismo, porém, não permitiu que explorasse a fundo a realidade imaterial, que se descortinava a seus olhos; por isso, não encontrou para ela um lugar de destaque. Obcecado pela visão da existência como sofrimento perpétuo, não pôde confiar nas possibilidades de uma verdadeira superação, que fosse além da destrutividade. Assim, de modo nenhum a intuição contemplativa poderia ocupar o centro de sua filosofia. Esse centro, segundo Rosset (1989b, p. 58), é ocupado pelo tema da repetição: "a repetição é o grande pensamento de Schopenhauer e a fonte de seu pessimismo: a impossibilidade de o mundo introduzir algo novo nele próprio". Trata-se da repetição do mesmo, sem criação nova; logo, sem vida. Entretanto, esta, em si mesma, não se limita à repetição da igualdade, nem da diferença. Muito além das estruturas, ela é a mobilidade espantosa do fenômeno vivo.

A arte, como florescimento da vida, pode ser a bússola que indica a rota da embarcação, mas não tem suficiente poder para dar conta das tormentas em mar tempestuoso. O sentimento estético, para alcançar seus fins imateriais, depende de timoneiro seguro e ancoramento no ser profundo, de onde se extraem referências incondicionais e indispensáveis para a superação dos comprometimentos e turbulências do *self*. O que fundamentalmente deixa o artista em condições de ancoramento estético para a penetração na imaterialidade é sua consciência expansiva em contato consigo próprio, tanto quanto com sua arte, tomando-se esta como expressão da contemplação da realidade mais profunda e "mais real".

18. O que é, enfim, o amor à vida?

Pelo que foi dito, importa sobretudo a alegria de viver neste mundo que, por ser um viveiro de florescimento da vida, tem tudo a oferecer – caso estejamos em sintonia com a vida, dentro e fora de nós. Torna-se desnecessário buscar além do mundo o que necessitamos. Em contraste com o mal existente (uma realidade intrínseca), a resposta está na fruição possível da vida. Isso significa enfrentamento sem escapismos. Experiências ricas e significativas com o próprio mundo trazem oportunidades existenciais profundas. Nelas, a vida passa a ter sentido por si mesma. Em vez da prisão em objetos sensoriais, passa a haver liberdade na mobilidade, na penetração e na realização do ser-no-mundo. A relação imaterial com o mundo é fonte de alegria, porque nos liga a dimensões imensas, extraordinárias e indizíveis. Saímos da concretude, do estreitamento e da subjugação para encher os pulmões de vida – grandiosa, alargada e etérea – que nos faz sentir vivos, também. É o que experimentamos quando, de repente, vemos um céu azul-sonhador, com nuvens brancas no horizonte e, mais próximo, à altura do olhar, uma única nuvem deitada, como se fosse uma pintura de El Greco.[1] Nuvem-mulher espiritual, celeste, branca e luminosa nesse céu barroco faz notar a pureza, a eteridade e a simples beleza imaterial espalhadas por tudo. Saímos totalmente do mundo prosaico e cruel, passamos a outro em sonho azul e branco, tendo por fundo o infinito. A alegria brota espontaneamente desse mergulho na experiência de ser, que colhe a tarde serena, plena de luminosidade e harmonia. Brota do simples fato de sermos um fluxo de vida que encontra a liberdade de fluir em uníssono com o mundo. O que surge à consciência é um estado de frescor, novidade e mobilidade, pleno de significação: na leveza do ser, o sentimento de alegria. Um sentido vivo estabelece-se entre o ser e o mundo, de que nasce a alegria.

Desse modo, torna-se possível o resgate da alegria, em vez da desesperança em um mundo opressor. Se a grande infelicidade é aliada da escravidão a um *self* cheio de infortúnios, grandes pensadores em todos os tempos apontaram quase unanimemente a necessidade de atenção à interioridade, de domínio sobre as paixões, de análise da mente, de identificação real dos fatos e de descoberta de si mesmo. Isso significa que a *ataraxia* depende de muito trabalho interior, que se distingue claramente de toda evasão, a fim de que possamos compreender os processos pelos quais a mente opera o seu funcionamento global e também as suas particularidades.

Relembrando o percurso desta exposição, vimos que a psicanálise oferece modelos gerais da mente, centralizados em fatores considerados prioritários. Nosso modelo propõe, de um lado, o distanciamento de contato com o *ser interior*, que pode estar ligado à constelação do inimigo interno, implicando a fragilidade, a sensorialidade e a angústia de dissipação do *self*; de outro lado, a expansão de consciência, em conexão com o contato efetivamente

1 Alcunha de Domenikos Theotokopolos (1541-1614), pintor e escultor espanhol, nascido na ilha de Creta.

realizado com o *ser interior*.[2] Se considerarmos que a obtenção do bem-estar e da alegria consiste, primariamente, em lidar com desequilíbrios, angústias e comprometimentos psíquicos, de modo a superá-los provisória ou consistentemente, então sua conquista está condicionada à evolução mental, tendo por base o conhecimento das camadas conscientes, inconscientes e oclusivas da mente. Se a destrutividade, o caos e o nada estão sempre à espreita ou invalidam abertamente o trabalho fundamental de construção, trata-se de priorizar a focalização na pulsão de morte, mas cada pessoa tem seu sistema mental determinante, que responde particularmente por seus sofrimentos, dificuldades e padrões de comportamento. Como sabemos, os momentos de bem-estar e de alegria subordinam-se, antes de tudo, à capacidade de impedir a invasão e a tomada do *self* por componentes alheios à órbita de ação do ser profundo. Esse é um princípio universal, válido praticamente para a compreensão e a análise dos equívocos, distorções e armadilhas mentais, que são frequentemente geradores de niilismo, pessimismo e catastrofismo, por excluírem aprioristicamente as possibilidades de uma vida feliz.

Um modelo psicanalítico centralizado em fatores prioritários tem por finalidade apontar as grandes linhas, merecedoras de atenção, para a análise dos obstáculos e das turbulências em que a mente se enreda, voltando-se contra os vínculos com a realidade interna e externa. Ele também indica os pontos mais sensíveis e favoráveis para as tentativas de superação. Temos observado que, se há comando da mente e alargamento das noções a respeito da vida e do viver, a pessoa tende a deixar de estar refém de uma perspectiva mental desencorajante, negativa e destrutiva. Isso significa que, para a pessoa, a própria realidade passa a ter oportunidades de alimentar os significados dos relacionamentos. A alegria de viver começa pela conquista obtida no contato suficiente com o que, em cada um de

2 Conforme a segunda parte deste livro.

nós, faz-nos sentir um ser vivo, presente e existente, que descobre livremente o mundo, tanto quanto um lugar no mundo. O amor à vida reside, em primeiro lugar, no sentimento de alegria por estar em contato com ela.

Se a alegria diz respeito à realização do ser em suas mais elevadas aspirações, abrem-se aqui infinitas possibilidades de relacionamentos com a inesgotabilidade do mundo, especialmente em suas formas imateriais de existência. Ao entrarmos em contato com o fenômeno imaterial, realça-se a força imensa, expressiva e supinamente extraordinária da natureza, e isso é muitas vezes suficiente para o despertar da alegria. A vida como um todo passa a ter significação se é percebida em níveis aprimorados de abrangência, vindo a modificar nosso olhar sobre o mundo em que vivemos.

A alegria torna-se possível se sentimos que o Universo é um *habitat* de criação, acolhimento e desenvolvimento dos seres. O amor à vida pode ter lugar, se experimentamos que o mundo permite realizações sustentadas em abertura mental, de que se apreendem as significações em contextos amplificados. Elas incluem os desafios para as superações das vicissitudes. O *mundo humano* torna-se mais harmonioso, se cada indivíduo tem liberdade de escolhas e realizações em acordo com o que ele é. Um ambiente externo apropriado não corresponde somente à sobrevivência e à adaptação, e sim ao atendimento das necessidades mais profundas e inalienáveis de desenvolvimento humano, físico, econômico, social, educacional etc.[3] Se cada um tem o suficiente (em múltiplos sentidos) no plano individual, estará menos inclinado a causar danos no plano coletivo. Os grandes problemas humanos poderão ser mais bem encarados, aprofundados e resolvidos, caso se aumente em geral os níveis de satisfação e de bem-estar. O próprio mundo, em seu influxo fertilizador, conduz-nos às suas raízes abrangentes e, em

---

3 Para uma caracterização mais ampla, cf. Trinca (2008).

nossa visão amplificada, tendemos a ir ao fundo dos problemas, desvencilhando-nos de toda estreiteza e de toda destrutividade. Não haveria problemas completamente insolúveis se sentíssemos viver num mundo acolhedor, caloroso e amoroso.

Ao nos abrirmos ao mundo, descobrimos o próprio mundo, mas também nossos sentidos "espirituais" de vida. Nada parece nos faltar se nos percebemos vivos e em contato com um mundo igualmente vivo. Ao nos rejubilarmos de vida, descobrimos que os sentidos para ela provêm de vínculos internos e externos. Na penetração da realidade mais profunda, os sentidos que costumam aparecer não são outros senão aqueles que promanam de vinculações preciosas, sejam conosco mesmos, sejam com pessoas, situações e condições que nos animam ou deixam felizes: nosso ser consegue se expressar plenamente naquilo que é significativo para nós. Um relacionamento humano significativo depende da alegria da descoberta de nós próprios como seres, a partir de um ponto em que se torna claramente perceptível haver *alguém* interiormente em contato real com *alguém* exteriormente. Na abertura da mente, podemos encontrar os mais elevados significados da vida e do viver que, em sua plenitude, geralmente se traduzem por amor à vida. Por outro lado, o desamor sistemático à vida tem muito a ver com a falta de sentido: a vivência do morto-vivo, preso no resfolegar para dentro de si mesmo da repetição congelada do idêntico.

O antídoto mais eficaz contra o niilismo, o pessimismo e o catastrofismo é a relação vital com a própria vida, pois esta é o que há de mais importante. Para isso, a interioridade despojada de vida terá que sofrer modificações. Liga-se à vida aquele que se experimenta vivo no fundo de si mesmo, com a consciência de que, ao atacar-se e invalidar-se no próprio núcleo do ser, sobrevêm o esvaziamento e a angústia. Uma pessoa nessas condições tem consciência viva de si, que se torna, por isso mesmo, consciência da vida fora de si, uma vez que só há percepção externa quando há percepção interna. O fato a sublinhar é que em sua ligação com a vida a pessoa sente naturalmente alegria; ou seja, algo que ocorre por si mesmo, se não houver interferências e se os obstáculos forem removidos. No contato gradativo da pessoa com seu ser, faz parte do arcabouço chegar a uma harmonização geral que ofereça oportunidades de alcance do encantamento da vida, salvo se, no percurso, a harmonização for perturbada e suplantada pelo processo antivida, mas essa é uma condição em que a vida tende a ressequir, em vez de vicejar. Na polarização entre a plena expressão e o aniquilamento da vida, importa o que predominar; contudo, a manifestação da plenitude é uma possibilidade real.

Como vemos, havendo experiências de plenitude, que correspondem a alto grau de contato da pessoa com o elemento imaterial presente na realidade interna e externa, deixam causar dano a revolta pelo sofrimento, a falta de sentido na vida, o ressentimento pela infelicidade, a angústia de inexistência, a aflição pelo distúrbio mental, a desgraça de perda da vida em vão e o próprio medo da morte, entre outros infortúnios. Na plenitude da existência não somos afetados pela inexistência. Ao encontrar as manifestações da vida em suas culminâncias, ela se revela em amenidade, doação, harmonia e, por vezes, esplendor. Vivendo pacífica e alegremente uma colheita significativa, temos tudo para o amor à vida.

Assim, quão longe estamos do pessimismo radical, que vê no prazer negativo da diminuição das dores a única forma de ater-se à vida, sem dela esperar nenhum consolo! Se a centelha de vida está em toda parte, é dispensável apregoar o esquecimento e o aniquilamento, porque ela, em plena eflorescência, está também em nós e se dirige à diminuição do sofrimento. A resposta encontra-se na experiência plena de estar vivo, do que se sobressai a ligação com o mundo e se associa ao fortalecimento da individualidade. O sentido mais geral não é outro senão dar vida a vida, porque, em essência, vida é alegria. Por isso, Nietzsche (1958, p. 127) apontou "a eterna alegria que está ligada à existência".

O Universo não é cego, inútil e caótico. Nele, tudo é feito de tal modo que, frequentemente, se revela uma obra de extraordinária complexidade, requintada organização, misteriosa criatividade e obscura compreensão. Sem ser perfeita, essa obra magnífica, para a qual não temos suficientes palavras, continuamente nos convida à penetração em seus segredos, de que emana a vida assombrosa e enigmática. A ligação elementar com ela não nos faz diferentes de todos os seres que amam a vida e querem manifestá-la por júbilo, realização e devotamento. Eles vivem por alegria. Assim é com a plantinha que se agarra à rocha, a outra que lança bases no impossível, a árvore derrubada de que brotam raízes novas, o animal que sobrevive dramaticamente nos pontos extremos, o ser humano que se apega ao último fio de esperança, e assim por diante. Pela dádiva da vida, os seres erguem-se contra a paralisação, o inanimado e o aniquilamento. Exprimem a afirmação do ser na exuberância do querer-viver, sendo dirigidos pela alegria da existência universal.

Se vida é criação e esta é alegria, o amor à vida não se dissocia do viver criativo. Para que este se dê, a condição original e primeira a ser preenchida é a liberdade de ser, que consiste na predominância da mobilidade psíquica, por elevada expressão não-sensorial do ser no *self* e, com ela, a liberdade de criação. O que é o ato criativo senão a liberdade do mergulho a fundo em nós próprios e no mundo, a fim de encontrar em mobilidade a variedade e a complexidade infinitas? A música da alma exige expressão, se é realização da liberdade de ser, que manifesta a espontaneidade da criação por natural aspiração ao encontro da melhor forma possível.[4] A fonte inesgotável da vida, ao mesmo tempo interior e exterior, é formadora de novos símbolos e realiza o gesto espontâneo da criação por intermédio do sentido do que é vivo, dando-se no espaço potencial, segundo a formulação winnicottiana. Aqui, a alegria de criar corresponde ao mergulho

---

4 Cf. capítulo 13 deste livro.

na sintonia de uma realidade vivenciada imaterialmente. O espaço interior livre, aberto e solto estabelece contato com um universo que surge em estado de limpidez. Aquilo com que nos relacionamos presentifica-se gratuitamente, realçando-se em nossa atenção. O que aparece revela-se de modo silencioso, puro e independente de relações espaço-temporais; por isso, aviva-se, clarifica-se e aprofunda-se. Torna-se objeto estético, porque em sua profundidade, como vimos, a realidade tende a se mostrar esteticamente, quando ela existe como tal. Então, a alegria apodera-se de nosso espírito, somos gratos por criar e, mais ainda, por existirmos. Quando isso acontece, agiganta-se o amor à vida.

Epílogo

Reflexões e conclusões

O niilismo, o pessimismo, a visão trágica e, enfim, todo pensamento filosófico movido pela desgraça colocam em questão a ideia do ser. Para Rosset (1989a, p. 104), "constituem necessariamente filosofias do não ser", tendo por centro o pavor. Ou seja, as filosofias do pavor, do terror e da angústia são construídas sobre a ideia do nada, em que as referências a respeito da existência se confrontam com o estado de morte. "Não há superposição da morte sobre a vida, pois nunca houve vida", afirma Rosset (1989a, p. 113). Podemos pensar que, se são filosofias nascidas da angústia, o princípio psicológico em que se sustentam é a angústia de dissipação do *self*, que tem por antecedente o esvaziamento do *self*. Elas se nutrem da intuição e da experiência subjetiva, do que se originam visões do mundo, sem pôr em causa, no entanto, a própria condição subjetiva que se apoia no sofrimento, tomada como critério de verdade. Cada uma dessas visões corresponde ao predomínio de determinada atitude mental. A mente em estado de angústia, por conta do esvaziamento, só pode se afirmar sobre as bases de que ela parte. Daí, serem o nada e o pavor suas pedras fundamentais. Por isso, torna-se extremamente difícil ou impossível a penetração no fenômeno vivo e, especialmente, na imaterialidade, que a realidade sutilmente oferece. Para tanto, o pensamento filosófico teria que se desvencilhar do exclusivismo centralizado na dor mental, que a todos nós acomete, a fim de alcançar a visão binocular, que está além dos pensamentos e emoções terrificantes. Concentrando um excesso de energias, o sofrimento invade o terreno da razão e é guindado à posição radical de lançar luz sobre todo o Universo, como se uma parte fosse o todo. Por que deveríamos nos contentar com as filosofias negativistas, que a tudo englobam, quando o que veiculam é uma parte do todo e dele têm apenas noções parciais, como na fábula dos cegos e o elefante?[1] Sendo construídas em função do acaso e do nada, que representam o esvaziamento e a angústia de inexistência, são filosofias em descompasso com um ponto de partida mínimo e indispensável, a saber, o estado do *self* sintônico ao contato com o *ser interior*. A ênfase posta na inexistência tem por referência o *self* afastado de suficiente contato com o *ser interior* e, portanto, desprovido da limpidez não-sensorial dada pela presença deste, além de estar impregnado de elementos antividas, sejam da órbita da fragilidade ou da sensorialidade. São, assim, concepções e pontos de vistas filosóficos que não ultrapassam a dimensão do *self* sob distanciamento de contato.

Entretanto, nessas filosofias há o esforço de pôr em relevo aquilo que um exagerado otimismo procura ocultar: o papel do sofrimento na vida humana e na natureza. Sendo o sofrimento um fato, não é algo a ser escamoteado, eludido ou disfarçado. Convivemos com dois níveis de realidade: aquele que segue um curso decidido em favor da construtividade, da liberdade e da alegria, e aquele que encarna a destrutividade, a violência e a crueldade. Parece que a condição humana se coloca entre o Céu e o Inferno, de modo que

1 Na fábula, seis cegos descrevem um elefante, tomando contato com apenas uma de suas partes. Cada um deles tem uma representação diferente que, associada às demais, leva a uma descrição absurda do elefante.

temos de nos haver com o problema de enfrentamento da tragédia que envolve a existência. No contexto geral deste livro, vimos que sempre é possível fazer com que um lado cresça e o outro diminua. Se é possível fazer escolhas conscientes e inconscientes, qual é a nossa posição? Em que se fundamenta a realização do ser humano?

Vimos, também, que a psicanálise propõe uma metodologia para desenvolvimento de um pensamento epistemológico e, mais que isso, uma prática clínica voltada à superação da dor mental e ao encontro da harmonia. Essa prática tem permitido observar que, ao menos em parte, o sofrimento mental pode ser evitado ou superado. Uma vez que sejam equacionados a natureza e o *modus operandi* do sofrimento, pela compreensão do que se passa, tornam-se possíveis a elaboração e a integração psíquicas, que fazem diminuir as ocupações do *self* em discrepância com a verdade existencial mais profunda. Nisso se inclui a diferenciação entre ocorrências no *self* sob a ação do *ser interior* e ocorrências de outro tipo. Ao apresentarmos uma análise das relações entre essas instâncias, são oferecidos parâmetros para a compreensão geral dos processos psíquicos, entre os quais a pulsão de morte. Muitas vezes, o niilismo, o pessimismo, a evasão da vida e o ódio à realidade são observados como consequências da constelação psíquica que opera de forma a atacar todo tipo de vinculação. Esse fator, porém, se insere numa visão de conjunto, em que os componentes psicanalíticos mais evidentes são organizados e sistematizados sob o modelo que denominamos Psicanálise Compreensiva (TRINCA, 2011). Não significa que o assunto se esgote inteiramente na formulação desse modelo, mas acreditamos que ele constitui um passo importante para a abordagem dos desequilíbrios, disfunções, perturbações e comprometimentos psíquicos que respondem, desde o nascedouro, pela instalação e manutenção dos sistemas e padrões mentais objetivados como formas de sentir e de pensar. Nessa abordagem, relacionamos todo o assunto ao aniquilamento da individualidade, em que o ser não mais detém os comandos e sucumbe à dinâmica da inexistência, que culmina em esvaziamento ou em sensorialidade, ambos plenos de excessos. Toda tentativa de superação consiste, justamente, em ultrapassar esse funcionamento do *self*, em direção à compreensão e à evolução psíquicas, em que, tendo-se lidado com as turbulências, o sofrimento deixa de ser a mola mestra propulsora das relações com a realidade interna e externa.

Como órgão de repercussão, intermediação e depositação, sabemos que o *self* se torna permeável à influência e à presença de elementos heterogêneos, provenientes do mundo interno e externo, na dependência do que vier a predominar. Se predominarem componentes que correspondem ao distanciamento de contato com o *ser interior*, crescem as tendências ao sofrimento, dado que, no limite, em vez da manifestação do ser, há o nada. No entanto, se a vida humana fosse feita apenas de experiências beatíficas, desprovidas de conflitos, paradoxos e desarmonias, viveríamos como anjos celestes em permanente estado de graça. Na realidade, a dor, o conflito e a desgraça convivem conosco e exigem um frutuoso trabalho de superação, que implica desenvolvimentos em todos os sentidos. Para isso, faz-se necessária a discriminação entre o *self* sob os auspícios do *ser interior* e o *self* tomado por predominância de distanciamento do contato. O fato de haver contradições internas não elimina a função essencial do núcleo central responsável pela organização, pelo equilíbrio, pela vitalidade e pela harmonia. Esse núcleo, como temos insistido, é o próprio ser da pessoa, sendo o alfa e o ômega da existência, que realiza no plano individual a expressão do querer-viver positivo. Se não há uma natureza humana definida *ad aeternum*, há a natureza da dinâmica interna, que pode ser estudada, compreendida e elaborada, em especial pelo conhecimento dos componentes e forças que se entrelaçam, se disputam, se misturam, se separam, se sintetizam e dão a tônica à personalidade. O que nos torna fortes é o ancoramento no próprio ser, voltando sempre ao encontro do núcleo central e irredutível, de onde passamos a ter experiências de largo alcance. É interessante comprovar que, se podemos ser tomados ou escravizados pelos objetos internos e externos, jamais seremos capturados por nosso próprio ser, que em si mesmo é de natureza não-sensorial e realiza o que mais necessitamos: a experiência de ser quem somos. Maravilhoso é constatar que ninguém é forçado a ser o que é: quando somos o que verdadeiramente somos, isso se revela por mobilidade, espontaneidade, vida, realização e alegria, mas também por abertura a experiências de limpidez, abrangência e etérea leveza.

Um dos aspectos mais surpreendentes que a natureza pôs à disposição do ser humano é o alcance da harmonia no *self* pela ação do *ser interior*. A harmonia decorre do princípio de que, internamente, o ser profundo não é discrepante em relação a si mesmo, visto que, essencialmente, ele é unitário, indiviso e inteiriço. Daqui, a harmonia interna opera no sentido da harmonização geral das relações com o mundo interno e externo. Isso tem um efeito extraordinário sobre a mitigação e a eliminação do sofrimento quando este representa um abalo ou uma quebra nas condições da harmonia. A longo prazo, a desarmonia pode implicar um processo de mudanças, sendo motor evolutivo; contudo, é discutível a natureza do que pode ser considerado evolutivamente benéfico no sofrimento. De modo geral, a realização da harmonia é experimentada como alegria de viver. Nessas condições, a alegria consiste em a pessoa estar de posse de si mesma e vinculada ao que lhe é significativo, em especial quanto aos objetos internos e externos. Ela se diferencia completamente de todo prazer sensorial obtido por distanciamento de contato. É notável a existência do espaço mental com essas características, pondo em evidência os processos de aquisição da individualidade, que não se faz por renúncia, e sim por plena expressão do ser.

No entanto, a inserção no mundo em que vivemos não depende de se lidar apenas com o sofrimento na esfera mental. Sendo um fenômeno complexo, ele está, sem dúvida, em conexão com as formas de construção, permanência e transformação do mundo externo. Torna-se possível ou impossível viver neste mundo? Aqui, também, as aquisições das noções de realidade se lastreiam nos graus de transparência, clareza e aprofundamento que podemos alcançar. A uma mente pessimista, a resposta é certamente negativa, porque se sustenta no absurdo, no caos, no acaso e no nada, referidos à existência do mundo. Temos visto, porém, que para a descoberta de um mundo límpido é indispensável haver uma mente igualmente límpida. Caso contrário, ela se torna prisioneira de seus próprios padrões e sistemas, que enviesam a percepção e a compreensão dos fatos. Por sensibilidade, intuição e abertura ao desconhecido, a mente pode obter uma visão e uma imagem do mundo que desvendem os processos refinados a que chegou a natureza em seu pulsar e em seu desabrochar criativo.

Não é necessário voltar a insistir nos princípios organizadores em que a realidade se sustenta, assim como sobre o superávit de construtividade existente na constituição do mundo, ao se considerar o infinito trabalho de construção e de harmonização das partes entre si e em relação ao todo. Já sabemos o suficiente sobre as funções da natureza como forjadora de leis e princípios que a tornam não só organizada como imaterial. Mas não deixamos de persistir na observação de que o que nos torna felizes é um relacionamento primoroso, alargado e substantivo com a vida mesma, existente tanto interna quanto externamente. Ela solda e dá sentido aos vínculos entre o ser humano e o mundo. Essa força colossal e indescritível impulsiona, irradia e constrói, lutando contra as resistências, os obstáculos e a destrutividade. Não seriam essas as bases de uma resposta humana positiva à vida? Uma resposta que considere todas as vicissitudes e incertezas, mas mantenha fé na vida que constrói?

A humanidade vem se esmerando no enfrentamento das condições desfavoráveis, das injustiças e das violências de todo tipo, que ensombrecem o mundo humano. O fundo da questão, porém, que alimenta o pessimismo, diz respeito às próprias bases de sustentação da realidade. Se a criação do mundo é um engodo, a alegria de viver não passa, também, de uma farsa a iludir os incautos. O antagonismo à vida é a pedra de toque de qualquer lógica do pior, na acepção de Rosset (1989a). Até o sopro original de vida se constitui em defeito e erro, conduzindo a uma negatividade que faz tábula rasa de todo florescimento criativo, onde quer que ele esteja.

Um argumento contra o pessimismo está na observação de que os princípios formadores e mantenedores da vida não podem ser apreendidos e compreendidos sob a sensorialidade gritante da mente humana, muito menos sob a interferência de qualquer modalidade de turbulência psíquica. Um contra-argumento diria que o pessimismo não é mais do que uma reflexão madura, fundamentada numa visão geral, longe de ser uma reflexão perturbada ou insana. Apesar disso, poderíamos indagar onde está a clarividência que resulta na eliminação exponencial da alegria e na mais profunda desolação. A desolação mental, consequente ao pessimismo, constitui um argumento contrário a toda forma de supressão da alegria. Na verdade, a alegria é uma referência a nortear os critérios de compreensão da inserção da vida humana no mundo. Se a alegria deixa de existir, sendo suplantada pela desolação, é acionado um sinal de alarme para indicar a emergência de um perigo. Isso porque a alegria, como vimos, é uma expressão da harmonia do ser, que é ligado intimamente à vida. Caso ela desapareça, extingue-se a experiência viva e o que é morto assume a posição central, elevando-se o nível do sofrimento. Quando a referência passa a ser o fenômeno morto ou morto-vivo, qual é a validade deste para dar foros de realidade à vida? Pode-se tomar o que é morto para servir de referência e medida ao que é vivo? Será esse um critério objetivo e universal para referenciar a realidade e a verdade?

No plano mental, a alegria oferece uma noção mais realística do mundo, porque se afirma na realização do contato não-sensorial com o ser em harmonia, enquanto o sofrimento corresponde à desarmonia do *self* em estado conflitivo ou fragmentário. O sofrimento, que serve de matéria-prima à lógica do pior, não se sustenta na realidade tomada por inteiro, mas apenas numa parte, que exclui o respaldo nas culminâncias da boa forma, inclusive na imaterialidade. É tentador pensar que seria essa a razão de muitos pensadores trágicos e pessimistas não permanecerem somente na negação e na condenação da vida. Em cada um, há um lado luminoso que acompanha o lado sombrio, embora aquele nunca chegue a atingir graus suficientes de representatividade, como se nota especialmente em Lucrécio e Schopenhauer. Sem construtividade jamais subsistiria o aniquilamento e sem vida não seria possível a morte.

Um argumento pessimista que se sustenta em fortes convicções é alicerçado no fato de haver morte: a vida não é boa nem pode ser levada a sério, porque acaba. Independentemente de apontar a frustração pelo término da vida, que de outro modo seria boa, a recomendação pessimista consiste no abandono e na supressão dos vínculos, porque a vida se extingue. A ênfase é posta no que se perde, em vez de ser no que se tem. De modo geral, para o pessimista, como tudo se finda a cada instante, nada é digno de verdadeira ligação. Aparentemente, seria um argumento de peso, se não fosse uma justificativa aos ataques à vida. Por que esta não poderia ser boa enquanto dura? Por que lhe negar o sentido que ela tem em si mesma, pelo fato de que chega ao fim? E no entanto, se se considera, antes de tudo, o que se tem e não o que se perde, a vida está presente na experiência de ser, cujo contato bem-sucedido faz suprir a sensação de falta e eliminar a angústia de inexistência. Se temos o que necessitamos, não somos prejudicados pela falta, de igual modo que a saciedade não é incomodada pela fome. As angústias de inexistência e de morte só se agravam por conta do esvaziamento, que torna o lugar da experiência de ser. Ou seja, não há morte, no sentido vivencial, se há vida interior, assim como não há mente tomada pela angústia de morte, se a vida participa plenamente da interioridade. Significa que, havendo vida interior, não há desolação, e o contato com a vida exterior passa a existir, em decorrência, como um fato. A experiência revela que a morte não conta para quem se sente ligado à vida. Enquanto houver vida interior, o fato da existência da morte não a anula, porque é a experiência viva que importa. A visão pessimista enfraquece-se em vista de que, no ser vivente, a vida se afirma e se impõe como tal perante a morte, que assim deixa de ter relevância. A experiência de viver é fundamentalmente mais significativa, pois é para ela que tudo converge. Parodiando Nietzsche, podemos dizer que o que cria é essencialmente superior ao que destrói. O amor à vida passa ao primeiro plano, desde que se consiga enfrentar e lidar com o próprio ato de viver.

Como há processos construtivos, em que a ordem tende a prevalecer sobre a desordem, ao ser humano cabe conhecer o curso das transformações, a fim de tornar o mundo um lugar propício a viver e a amar. O enfrentamento das vicissitudes em amplo espectro, visando a diminuição do sofrimento e o alcance da harmonia, passa a ser prioridade inquestionável. Se é a vida que importa como bem supremo, a atitude humana construtiva aprofundará os vínculos, podendo alcançar a visão ampla de harmonização com os desenvolvimentos que se dão em todos os níveis. Ao enfrentar os desafios, o ser humano terá em mente empregar todos os esforços pela elevação espiritual, apesar do fundo tenebroso que acompanha. Ao colocar-se em favor da vida, fará a escolha consciente de cultivar, reverenciar e fazer evoluir um dom precioso, recebido com gratidão. Isso certamente terá implicações abrangentes, envolvendo mudanças sociais, econômicas, políticas, culturais e educacionais, a fim de que todos possam usufruir da vida e se beneficiar das conquistas, e não apenas uma minoria. Sabemos que a interioridade humana é ponto de partida de todas as reformas, considerando-se o ser de cada um. A degradação acompanha as dificuldades de plena realização desse ser. Insistimos na ideia de que as soluções cabíveis contra o niilismo, o pessimismo, a tragicidade e o catastrofismo consistem na reformulação das formas de compreensão dos significados da própria existência, tomada como um todo, que inclui a existência de cada ser. A isso se alia uma mente desperta para o conhecimento e para o enfrentamento da destrutividade, que se dissemina por toda parte e se move pela neutralização do princípio de vida.

As considerações a respeito da imaterialidade apontam a experiência do viver criativo, em contraste com a desfiguração sensorial da mente e do mundo. A contemplação da obra colossal, magnífica e espantosa da natureza impele-nos a ir a fundo na comunhão com ela, que tem a oferecer momentos deslumbrantes de sublimidade. Nela, por vezes, os milagres estão diante de nossos olhos, convidando-nos a simplesmente ver. Daqui se ergue o reencantamento do mundo, que deixa de ser um vale de lágrimas. Tratamos a existência de todas as coisas com a amplitude que elas merecem e com a cortesia à vida de todos os seres. Isso não tem a ver com teorias, ideologias ou crenças, e sim com o aprofundamento de contato com o que existe. A mente livre, solta e ampla flexibiliza-se para receber a realidade e apreender o que antes parecia ser inapreensível, indo da petrificação à mobilidade, da inexistência à existência, da concretude à imaterialidade.

A justificação da existência está na transformação que se opera em nossa interioridade: a descoberta de um Universo de acordes harmoniosos, de luz cristalina, de potência vital, de vida que brota até dos estercos, de esplendor e majestade imateriais. A criação de nossa vida funde-se no projeto de construção universal. Somos nós, larvas obscuras, que em inteira consciência portamos a afirmação daquilo que a natureza faz inconscientemente: o impulso da expressão em cada ser do pleno sentido de viver.

Referências

ALAIN. Propos sur le bonheur. *In*: MONTENOT, J. Au bonheur des philosophes. *Rev. Lire*, Noailles (França), n. 412, p. 40-43, fev. 2013.

ALTMAN, F (org.). *A arte da entrevista*. São Paulo: Boitempo, 2004.

BERGSON, H. *Évolution créatrice*. 86. ed. Paris: P.U.F., 1959.

BION, W. R. O aprender com a experiência. *In: Os elementos da psicanálise*. Tradução J. Salomão e P. D. Corrêa. Rio de Janeiro: Zahar, 1966, p. 6-117.

BION, F. *A key to a memoir of the future*. Perthshire: Clunie Press, 1981.

CAMUS, A. *Le mythe de Sisyphe*: essai sur l'absurde. 20. ed. Paris: Gallimard, 1946.

CAMUS, A. *L'étranger*. Paris: Gallimard, 1957.

CERQUEIRA, L. M. G. Introdução. *In*: LUCRÉCIO. *Da natureza das coisas*. Lisboa: Relógio D'Água Eds., 2015.

CHENG, A. *História do pensamento chinês*. Tradução G. A. Titton. Petrópolis: Vozes, 2008.

CHUANG-TSÉ. *Oeuvre complète*. Tradução Liou Kia-hway. Paris: Gallimard/Unesco, 1969.

DIOGENES LAÉRCIO. Extraits de la doxographie d'Héraclite. *In: Les penseurs grecs avant Socrate*. Tradução J. Voilquin. Paris: Garnier/Flammarion, 1964, p. 82-85.

DONNET, J. L.; GREEN, A. *L'enfant de ça*. Paris: Minuit, 1973.

ECO, H. *História da beleza*. Tradução E. Aguiar. Rio de Janeiro: Record, 2004.

EMPÉDOCLES. Purifications. *In*: *Les penseurs grecs avant Socrate*. Tradução J. Voilquin. Paris: Garnier/Flammarion, 1964, p. 133-136.

EPICURO. *Carta sobre a felicidade (a Meneceu)*. Tradução A. Lorencini e E. del Carratore. São Paulo: Editora UNESP, 2002.

ÉSQUILO. *Théâtre complet*. Tradução E. Chambry. Paris: Garnier/Flammarion, 1964.

ESPINOSA, S. L'illusion du bonheur est indispensable. [Entrevista cedida a] J. Drillon. *L'Obs*, Paris, n. 2702, p. 59-61, 18-24 ago, 2016.

FAGUET, E. *Iniciação filosófica*. Tradução C. de Lemos. 7. ed. Lisboa: Guimarães, [s.d].

FARIAS BRITO, R. *Finalidade do mundo*: estudos de filosofia e teleologia naturalista. 1. Vol., 2. ed. Rio de Janeiro: Instituto Nac. do Livro, 1957.

FREUD, S. O mal-estar na civilização. *In*: *Edição standard brasileira das obras psicológicas completas de Sigmund Freud*. Vol. 21. Rio de Janeiro: Imago. 1996a, p. 73-148.

FREUD, S. Reflexões para os tempos de guerra e morte. *In*: *Edição standard brasileira das obras psicológicas completas de Sigmund Freud*. Vol. 14. Rio de Janeiro: Imago. 1996b, p. 285-309.

FREUD, S. O problema econômico do masoquismo. *In: Edição standard brasileira das obras psicológicas completas de Sigmund Freud*. Vol. 19. Rio de Janeiro: Imago. 1996c, p. 173-188.

GAZOLLA, R. *O ofício do filósofo estoico*: o duplo registro do discurso da Stoa. São Paulo: Loyola, 1999.

GÓRGIAS DE LEONTINI. Sur le non-être ou sur la nature (fragments). *In*: *Les penseurs grecs avant Socrate*. Tradução J. Voilquin. Paris: Garnier/Flammarion, 1964, p. 218-223.

HÉRACLITO DE ÉFESO. Fragments. *In*: *Les penseurs grecs avant Socrate*. Tradução J. Voilquin. Paris: Garnier/Flammarion, 1964, p. 74-81.

HOFFMANN, E. T. A. O doutor Coppelius. *In*: *Obras Primas do Conto Universal*. 2. ed. Tradução Almiro R. Barbosa e Edgard Cavalheiro. São Paulo: Livraria Martins Ed., 1966, p. 139-174.

HUXLEY, A. *As portas da percepção e o céu e o inferno*. 8. ed. Tradução O. de Araújo Souza. Rio de Janeiro: Civilização Brasileira, 1974.

JAEGER, W. *Paideia*: a formação do homem grego. Tradução A. M. Parreira. São Paulo: Martins Fontes, 1986.

KOFFKA, K. *Princípios de Psicologia da Gestalt*. Tradução A. Cabral. São Paulo: Cultrix/Edusp, 1975.

KRISHNAMURTI, J. *Viagem por um mar desconhecido*. Tradução H. Veloso. São Paulo: Editora Três, 1973.

LAOTSÉ. Tao te king. *In*: WIEGER, L. *Les pères du système taoïste*. Paris: Cathasia/Belles Lettres, 1950, p. 18-63.

LOTRINGER, S. Baudrillard: il portait une bombe dans sa gidouille. [Entrevista cedida a] M. Lemonier. *L'Obs*, Paris, n. 2754, p. 59-61, 17-24 ago, 2017.

LUCRÉCIO. *Da natureza das coisas*. Tradução L. M. G. Cerqueira. Lisboa: Relógio D'Água Eds., 2015.

MALLARMÉ, S. *Poésies*: choix de vers de circonstance, poèmes d'enfance et de jeunesse. Paris: Gallimard, 1952.

MESNARD, J. L'Univers pascalien. *In* PASCAL, B. *Pensées* (Postface). Paris: Club du Meilleur Livre, 1958, p. 303-320.

MIDAL, F. Les sagesses orientales montrent que l'essenciel est sous nos yeux. *Lire*, Noailles (França), n. 455, p. 40-41, maio 2017.

MILNER, M. *A life of one's own*. Londres: Virago Press, 1986.

MONTAIGNE, M. *Essais*. Vol I. Paris: Garnier/Flammarion, 1969.

MONTAIGNE, M. *Essais*. Vol II. Paris: Garnier/Flammarion, 1979a.

MONTAIGNE, M. *Essais*. Vol III. Paris: Garnier/Flammarion, 1979b.

MORIN, E. *Connaissance, ignorance, mystère*. Paris: Fayard, 2017.

NIETZSCHE, F. W. *Assim falava Zaratustra*. Tradução Eduardo Nunes Fonseca. São Paulo: Hemus, 1977.

NIETZSCHE, F. W. *A origem da tragédia*. Tradução A. Ribeiro. Lisboa: Guimarães, 1958.

PASCAL, B. *Pensées*. Texto L. Brunschvicg e Intr. E. Faguet. Paris: Nelson Éditeurs, [s.d]. (Col. Lutetia).

PASCAL, B. *Pensées*. Texto L. Lafuma, Paris: Le Club du Meilleur Livre, 1958 (Col. Astrée, 19).

PASTORE, J. A. D. *O trágico*: Schopenhauer e Freud. São Paulo: Primavera Editorial, 2015.

PRIGOGINE, I.; STENGERS, I. *A nova aliança*: a metamorfose da ciência. Tradução M. Faria e Maria J. M. Trincheira. Brasília: Ed. Univ. de Brasília, 1984.

PROTÁGORAS DE ABDERA. Fragments de Protagoras. *In*: *Les penseurs grecs avant Socrate*. Tradução J. Voilquin. Paris: Garnier/ Flammarion, 1964.

REEVES, H. *Patience dans l'azur*: l'évolution cosmique. Paris: Éd. du Seuil, 1981.

REEVES, H. *Os artesãos do oitavo dia*. Tradução Maria Leonor F. R. Loureiro. São Paulo: Ed. Unesp/Ed. Univ. Est. Pará, 2002.

RICARD, M. Conversas editadas por Catherine Meyer. *In* ANDRÉ, C. *et al. O caminho da sabedoria*: conversas entre um monge, um filósofo e um psiquiatra sobre a arte de viver. Tradução E. Heneault. São Paulo: Alaúde Ed., 2016.

ROBINET, I. *Histoire du taoïsme*: des orgines au XIV e siècle. Paris: Ed. du Cerf/CNRS, 2012.

ROSSET, C. *Lógica do pior*. Tradução F. J. F. Ribeiro e I. Bentes. Rio de Janeiro: Espaço e Tempo, 1989a.

ROSSET, C. *L'esthétique de Schopenhauer*. Paris: Quadrige/P.U.F., 1989b.

ROSSET, C. Nietzsche ou la joie par-dessus tout. Entretien à A. Lancelin et M. Lemonnier. *L'Obs*, Paris, n. 2646, p. 60-63, 23-29 jul. 2015.

RUSSELL, B. *História da filosofia ocidental*. Livro I. 3. ed. Tradução B. Silveira. São Paulo: Cia. Ed. Nacional, 1969.

SARTRE, J-P. *L'être et le néant*: essai d'ontologie phénoménologique. Paris: Gallimard, 1948.

SARTRE, J-P. *Préface*. *In* MALLARMÉ, S. *Poésies*: choix de vers de circonstance, poèmes d'enfance et de jeunesse. Paris: Gallimard, 1952, p. 5-15.

SARTRE, J-P. *L'existentialisme est un humanisme*. Paris: Eds. Nagel, 1962.

SCALFARI, E. L'odyssée d'un moderne: entretien à F. Armanet et G. Anquetil. *Le Nouvel Observateur*, Paris, n. 2501, p. 64-66, 11-17 out. 2012.

SCHOPENHAUER, A. O mundo como vontade e como representação. *In*: MANN, T. *O pensamento vivo de Schopenhauer*. Tradução P. F. Amaral. São Paulo: Martins, 1941.

SÊNECA, L. A. *Aprendendo a viver*. Tradução L. S. Rebello e E. I. N. Vranas. Porto Alegre: L&PM, 2011.

SHAKESPEARE, W. *The complete works of William Shakespeare*. 19. impressão. Londres: Spring Books, 1979.

SÓFOCLES. *Théâtre complet*. Tradução R. Pignarre. Paris: Garnier/Flammarion, 1964.

SPINOZA, B. *Éthique*. Tradução Bernard Pautrat. Paris: Éditions du Seuil, 1999.

SPITZ, R. A. *A genetic field theory of ego formation*: its implications for pathology. 3. ed. Nova Iorque: International Universities Press, 1973.

STERN, A. *La filosofía de Sartre y el psicoanálisis existencialista*. Tradução J. Cortázar. Buenos Aires: Eds. Imán, 1951.

THIBAUDET, A. *Le bergsonisme*. 1. Vol., 2. ed. Paris: Gallimard/ Nouvelle Revue Française, 1923.

THOREAU, H. D. *Walden ou a vida nos bosques*. 7. ed. Tradução A. Cabral. São Paulo: Ground, 2007.

TRINCA, W. *A etérea leveza da experiência*. São Paulo: Siciliano, 1991.

TRINCA, W. *Fobia e pânico em psicanálise*. São Paulo: Vetor, 1997.

TRINCA, W. *Psicanálise e expansão de consciência*: apontamentos para o novo milênio. São Paulo: Vetor, 1999.

TRINCA, W. *A personalidade fóbica:* uma aproximação psicanalítica. 2. ed. São Paulo: Vetor, 2006.

TRINCA, W. *O ser interior na psicanálise*: fundamentos, modelos e processos. São Paulo: Vetor, 2007.

TRINCA, W. *O espaço mental do homem novo*. 2. ed. São Paulo: Vetor, 2008.

TRINCA, W. *Psicanálise Compreensiva*: uma concepção de conjunto. São Paulo: Vetor, 2011.

TRINCA, W. *Viagem ao coração do mundo*: a apreensão da imaterialidade. São Paulo: Vetor, 2014.

TRINCA, W. *As múltiplas faces do self*. São Paulo: Vetor, 2016.

TRINCA, W. *Uma imagem do mundo:* realidade e imaterialidade. São Paulo: Blucher, 2019.

WARBURTON, N. *Uma breve história da filosofia*. Tradução R. Bettoni. Porto Alegre: L & PM, 2012.

WINNICOTT, D. W. *Processus de maturation chez l'enfant*. Paris: Payot, 1970.

WINNICOTT, D. W. *Realidad y juego*. Tradução F. Mazía. Buenos Aires: Granica, 1972.

WINTER, J-P. Le bon usage de la lucidité. [Entrevista cedida a] Clayre Fleury. *Le Nouvel Observateur*, Paris, n. 2303, p. 76-77, 24 dez. 2008.

Sobre o autor

WALTER TRINCA

Obteve da Universidade de São Paulo (USP) os títulos de Graduado em Psicologia, Mestre em Psicologia Clínica, Doutor em Ciências (Psicologia). É professor livre-docente e professor titular. Em seu percurso, foi docente do Instituto de Psicologia da USP nos cursos de graduação e de pós-graduação, tendo sido coordenador do programa de pós-graduação na área de Psicologia Clínica. É especialista em pesquisa, tendo orientado e supervisionado cerca de 80 projetos. Entre os projetos próprios, contribuiu para a metodologia do Diagnóstico Psicológico, da Psicoterapia e da Psicanálise. Foi idealizador do Procedimento de Desenhos-Estórias e do Procedimento de Desenhos de Família com Estórias, que contam hoje com mais de 170 teses e dissertações realizadas a seu respeito ou com seu emprego (www.desenhos-estorias.com). Publicou mais de 130 trabalhos científicos em revistas especializadas, anais de congressos, capítulos de livros e outros. Entre suas publicações encontram-se os livros: *Psicanálise compreensiva: uma concepção de conjunto* (Vetor) com tradução para o francês: *Psychanalyse compréhensive: une conception d'ensemble* (L'Harmattan, Paris) e para o italiano *Psicanalisi Comprensiva: una visione d'insieme*

(Aracne, Roma); *O ser interior na psicanálise: fundamentos, modelos e processos* (Vetor) com tradução para o francês: *L'être intérieur dans la psychanalyse : fondements, modèles, processus* (Liber, Montréal) e tradução em italiano, *L'essere interiore nella psicanalisi : fondamenti, modelli e processi* (Aracne, Roma); *Psicanálise e transfiguração:a etérea leveza da experiência* (Vetor) com tradução para o francês: *La légèreté éthérée de l'expérience* : psychanalyse et transfiguration (L'Harmattan, Paris); *A arte interior do psicanalista* (Vetor) com tradução para o francês: *L'Art intérieur du psychanalyste* (L'Harmattan, Paris); *A personalidade fóbica: uma aproximação psicanalítica* (Vetor); *O pensamento clínico em diagnóstico da personalidade* (Vetor); *Investigação clínica da personalidade* (EPU); *O filósofo ou a procura do encanto da vida* (Appris) com tradução em francês: *Le Philosophe* ou *À la rencontre de l'enchantement de la vie* (Publibook, Paris); *Fobia e pânico em psicanálise* (Vetor) com tradução para o italiano: *Fobia e panico in psicanalisi* (Aracne, Roma); *O espaço mental do homem novo* (Vetor); *Psicanálise e expansão de consciência: apontamentos para o novo milênio* (Vetor); *Quase poesia* (Vetor), *Viagem ao coração do mundo: a apreensão da imaterialidade* (Vetor) com tradução para o francês: *Voyage au coeur du monde: l'appréhension de l'immatérialité* (Publibook, Paris)]; *As múltiplas faces do self* (Vetor) com tradução para o francês: *Les multiples visages du self* (L'Harmattan, Paris) e *Uma imagem do mundo: realidade e imaterialidade* (Blucher 2019). Também organizou os seguintes livros: *Diagnóstico psicológico: a prática clínica* (GEN/EPU); *Formas compreensivas de investigação psicológica* (Vetor); *Formas de investigação clínica em psicologia* (Vetor); *Procedimento de Desenhos-Estórias: formas derivadas, desenvolvimentos e expansões* (Vetor); em italiano, *Indagine psicodinamica della personalità* (Aracne Editrice, Roma) e em francês, *Investigation psychodynamique de la personnalité* (Ed. Mardaga, Bruxelas) e Formas lúdicas de investigação em psicologia (Vetor). É psicanalista, membro efetivo da Sociedade Brasileira de Psicanálise de São Paulo e da International Psychoanalytical Association, e ocupa a Cadeira nº 40 da Academia Paulista de Psicologia. Possui consultório na cidade de São Paulo.